Monika Hofmann
Rolf Roßteuscher

Geschenke des Himmels

Monika Hofmann
Rolf Roßteuscher

Geschenke des Himmels

Kleine Kinder und ihre Eltern entdecken die Wunder des Lebens

*fröhlich • spielerisch • kreativ

Kösel

Dieses Buch wurde von Eva Amode, München, illustriert

Hinweis:

Die schönsten Lieder dieses Buches finden Sie auf der parallel erschienenen CD
»Geschenke des Himmels. Lieder für Kinder und Erwachsene«.
Bestell-Nr. 3-466-45733-5

ISBN 3-466-36562-7
© 2001 by Kösel-Verlag GmbH & Co., München
Printed in Germany. Alle Rechte vorbehalten
Druck und Bindung: Kösel, Kempten
Umschlag: Kaselow-Design, München
Umschlagmotiv: IFA-Bilderteam, München
1 2 3 4 5 · 05 04 03 02 01

Inhalt

danke

Mit Kindern durch das Jahr

Mit Kindern in der (Kirchen-)Gemeinde

Seht ihr den Mond dort stehen?
Er ist nur halb zu sehen
und ist doch rund und schön.
So sind wohl manche Sachen,
die wir getrost belachen,
weil unsre Augen sie nicht sehn.

Matthias Claudius

Einladung

- Haben Sie kleine Kinder, Enkelkinder, Patenkinder oder kleine Freunde in Ihrer Familie?

- Ist Ihnen schon aufgefallen, dass sich Ihnen in letzter Zeit wieder Fragen nach Gott in Ihrem Leben stellen und Sie dabei einiges über Ihre Kinder entdecken können?

- Wünschen Sie sich auch Anregungen und Ideen, den oft hektischen Familienalltag bewusst und erfüllt zu erleben?

Wenn ja, dann schauen Sie doch in unsere

Schatztruhe!

Wir haben viele, kleine, liebevolle und stärkende Momente im Familienalltag für Sie zusammengetragen. Diese Schätze sollen Sie die wunderbaren ersten Lebensjahre bewusst erleben lassen und Ihnen Freude, Halt und Kraft geben für den Alltag mit kleinen Kindern. Das Buch soll eine Einladung an Familien sein, Gott mitten im Leben zu entdecken – an jedem Tag und durch das Jahr.

Wir danken allen, die das Buch so bunt und lebendig werden ließen.

Monika Hofmann / Rolf Roßteuscher

Damit Sie sich leichter zurechtfinden, verwenden wir im Folgenden diese Symbole:

Der Spiegel

Alles was wir unseren Kindern weitergeben, hat mit uns und unserer eigenen »Geschichte« zu tun. So ist es eine Hilfe und Bereicherung, ab und zu in den Spiegel zu schauen und zu fragen: Wie war das bei mir? Was habe ich für Erinnerungsbilder?

Die Lupe

Dinge, die wir sowieso im Alltag tun, werden hier noch einmal genauer angeschaut und in ihrer Bedeutung geklärt.

Das Fernrohr

Hier wagen wir einen Weitblick. Unsere Kinder werden größer, ihre Lebenskreise erweitern sich – oft schneller als wir glauben und Erfahrungen, die in den ersten Jahren gemacht wurden, können prägend bis ins Erwachsenenalter sein.

Die Sonne

Hier wollen wir mit dem Symbol der Sonne den religiösen oder spirituellen Bezug herstellen. Bilder und Worte aus der Bibel und Erfahrungen aus dem Alltag werden verknüpft zu einem tragfähigen Netz. Wir werfen einen Blick auf die Schöpfung, tasten uns im Glauben voran und wollen ihn be-greifen.

Das lachende Gesicht

Der smily steht für einen praktischen Vorschlag. Am besten sind immer Ihre eigenen Ideen! Sie können sich aber auch von den bewährten Ideen dieses Buches anregen lassen, sie einfach ausprobieren und übernehmen.

Die Pinnwand

Hier finden Sie »Zwischendurch-Gedanken«, die uns wichtig sind.

MIT KINDERN WACHSEN

»Wenn du ein Kind siehst,
begegnest du Gott
auf frischer Tat.«

Leben mit einem Säugling

Der erste Moment

Können Sie sich noch an den Moment erinnern, als Sie Ihr Kind das erste Mal gesehen haben? Was haben Sie gefühlt? Was haben Sie gedacht?

Ein Blick in das Gesicht eines neugeborenen Kindes ... Es ist und bleibt ein Wunder, was da alles in einem und mit einem passiert.

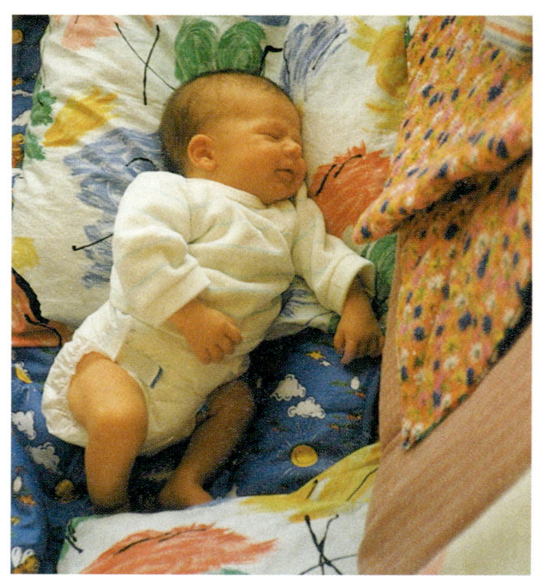

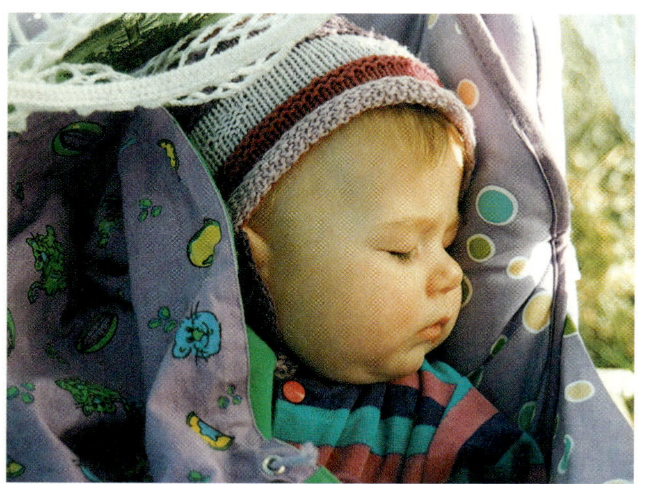

In diesem Moment sind wir Gott ganz nah. In der Freude über ein neugeborenes Kind spüren wir die Freude Gottes über seine Schöpfung: »... und siehe es war sehr gut!« Für einen Augenblick ist alles gut und richtig. Eine Ahnung vom Paradies!

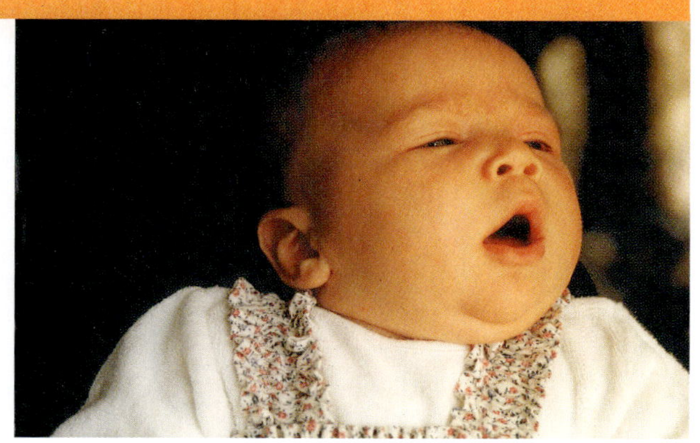

Kleine Träumerin

Vor dir eine Welt,
ein Leben,
du bist so offen,
schenkst dich her
an dieses Leben,
nimmst es auf
mit allen Sinnen,
bist Auge – Ohr – Mund
- Seele -
so offen
und verletzlich.

Es macht mich zittern
vor Glück und
Sorge:
Wird die Welt gut mit dir sein?

Wir wollen es sein.
Gott ist es:
Gut
mit dir.
Also: Lebe deinen Traum!

Gottes Kind

Wunder-bare Gedanken

Genießen Sie die wunderbaren Augenblicke mit Ihrem Baby. Vielleicht wird dieses tiefe Gefühl zur »Tankstelle« im Alltag. Setzen Sie sich einfach für einen Moment hin, atmen Sie tief durch und schließen Sie die Augen ... Lassen Sie das Gefühl der Liebe und des Vertrauens durch Ihren Körper strömen ...

Schreiben Sie doch ein paar dieser wunder-baren Gedanken in ein Heft und schenken es Ihrem Kind, wenn es groß ist.

Es gibt Bücher für diese ersten Momente und für die ersten Lebensjahre zu kaufen ...

»Geburtsbuch«, »Mein erstes Jahr« ...

Vielleicht wollen Sie aber auch selber ein Buch machen?

Ein schönes Tagebuch mit handschriftlichen Eintragungen und Fotos ...

Oder einzelne Seiten mit Text und Bildern, mit Plastikhüllen geschützt und in einen Ordner geheftet – das kann immer erweitert, ergänzt, kommentiert werden.

Vielleicht waren die ersten Momente auch gar nicht so wunderbar ...

... Es war vielleicht eine sehr komplizierte Geburt, oder Ihr Kind ist sehr krank und musste gleich operiert werden.

Tagebucheinträge lauten dann wie folgt: Operationstermin festgelegt, Milch abgepumpt, künstliche Beatmung, Medikamente für Kreislauf und Nieren konnten reduziert werden ...

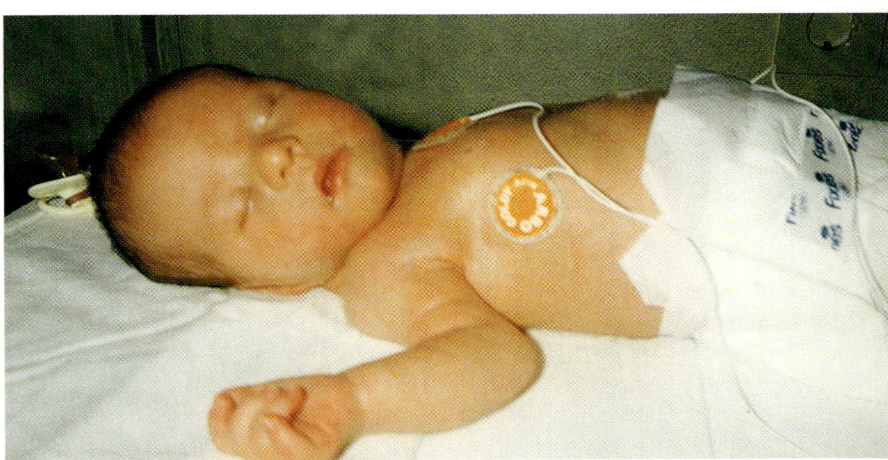

Vielleicht haben Sie auch ein behindertes Kind bekommen und hadern in diesen ersten Augenblicken mit Gott und der Welt.

Erst wenn die Zeit die ersten Wunden heilt und die ersten gemeinsamen Erlebnisse auch mit einem behinderten Kind Sie erfüllen, können Sie wieder Erfahrungen benennen, für die Sie dankbar sind.

Vielleicht kristallisieren sich in diesen schweren ersten Tagen und Wochen die wirklichen Freundinnen und Freunde heraus. Vielleicht zeigt sich jetzt, was wirklich trägt ... Ganz bestimmt werden Sie noch ein Wunder erleben: wunder-bare Augenblicke durch Ihr Kind.

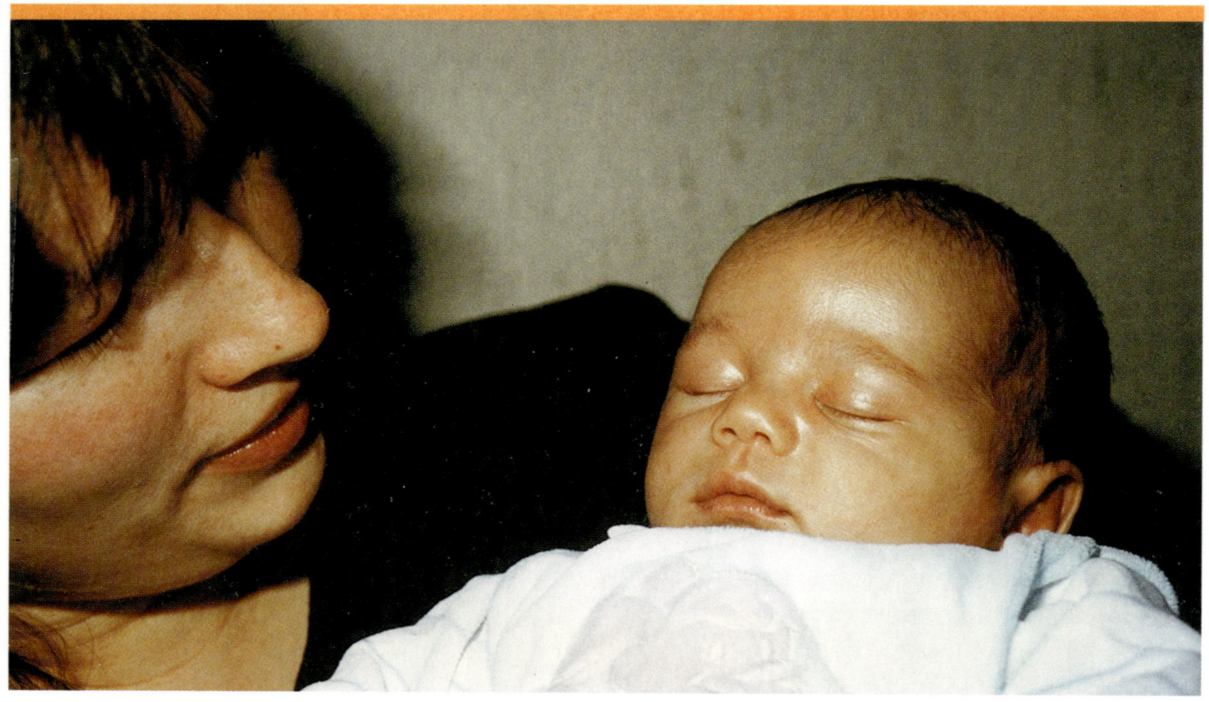

Wer bist Du

Wer bist du,
Geheimnisvoller
- einzig in den Augen deines Schöpfers

Wohin gehst du,
Abenteurer
- unterwegs, wo noch keiner ging

Was bringst du,
Schatzträger
- voll ungelachten Lachens

Einer
kennt das Geheimnis deines Weges
und er sendet uns,
dich zu begleiten

Voller Staunen
gehorchen wir
dankbar

Für Philipp, zur Geburt

Dieser kleine wunderbare Mensch wächst ..., mit ihm auch der Windel- und Wäscheberg. Im Gesicht der Eltern sind nicht nur der freudige Glanz über ein neugeborenes Kind zu sehen, sondern unter Umständen auch bald dunkle Augenringe von schlaflosen Nächten.

Neben den guten Ratschlägen in guten Büchern und von guten Freundinnen und Freunden hilft es Ihnen vielleicht auch

Vertrauen

zu haben: Gott hat Ihnen dieses Kind anvertraut. Er gibt Ihnen die Kraft, das Kind auf seinem Weg zu begleiten.

Ihr Kind hat grenzenloses Vertrauen zu Ihnen! Es liegt in Ihren Armen und verlässt sich darauf, dass es alles bekommt, was es zum Leben braucht: Nahrung und Liebe!

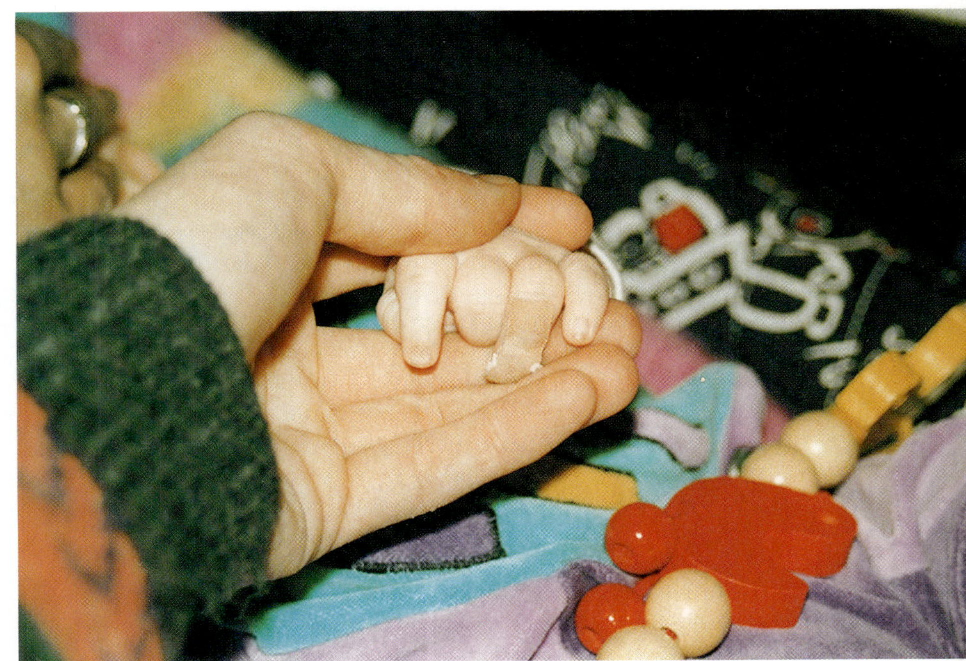

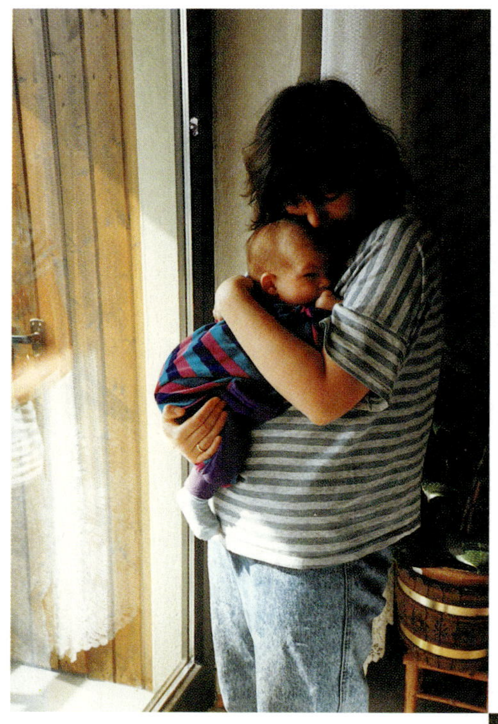

Tragen, Wiegen, Baden

Sie tragen und wiegen Ihr Kind auf den Armen – und es macht die Erfahrung: Ich werde nicht fallen gelassen, ich bin sicher.

Sie baden Ihr Kind in der Badewanne – und es macht die Erfahrung: Ich werde gehalten und Wärme umgibt mich.

Sie cremen Ihr Kind ein und berühren es zärtlich – und es macht die Erfahrung: Ich werde geliebt. Mein Körper ist etwas Wunderbares.

Sie stillen Ihr Kind an der Brust oder geben ihm die Flasche und es macht die Erfahrung: Ich werde satt. Meine Bedürfnisse werden befriedigt.

 Die Versorgung Ihres Babys umfasst also mehr als »satt und sauber« zu sein. Sie ist der Grundstein für lebenswichtige Erfahrungen: Liebe, Vertrauen, Sicherheit. Darauf lässt sich aufbauen. Das stärkt für die große Entdeckungsreise ins Leben hinein.

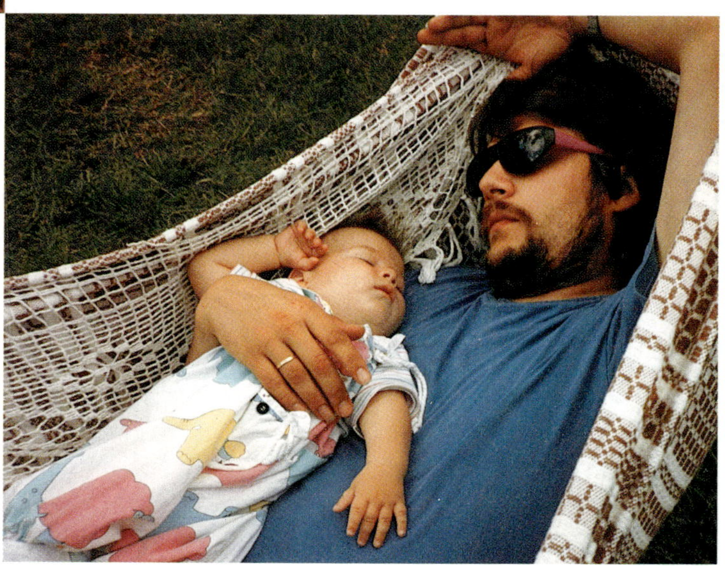

Jetzt ist dein Platz hier

jetzt ist dein Platz hier
geborgen und geschützt
jetzt darfst du ruhen
denn ich halte dich
so kannst du der Welt
die Stirn bieten

jetzt darfst du die Augen schließen
denn meine sind offen für dich
und überblicken den Weg
auf dem ich dich jetzt noch trage

jetzt bist du noch ganz nah -
ach, bleib noch ein wenig so
denn bald
werden meine Arme zu klein für dich
werden deine Augen selber sehen
wirst du deinen Kopf heben
und den ersten Schritt
von mir weg tun

dann aber
sollen meine Arme offen bleiben
wenn du Schutz suchst
dann will ich eine Oase für dich sein
ein Platz,
den Gott für dich bereithält

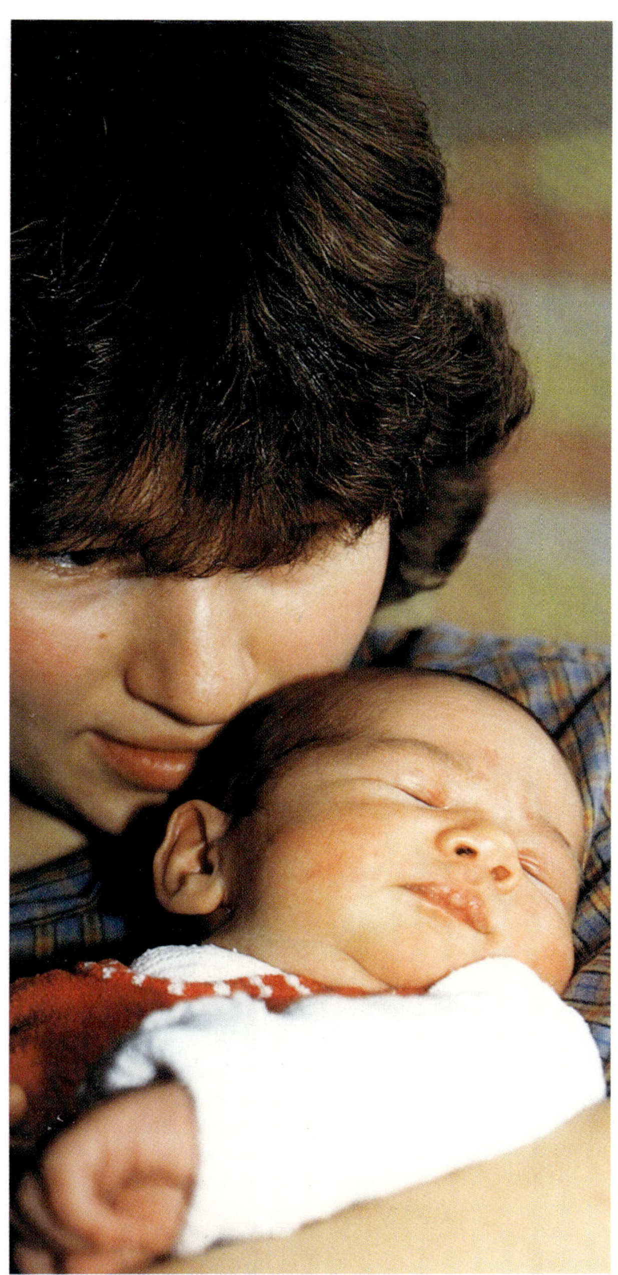

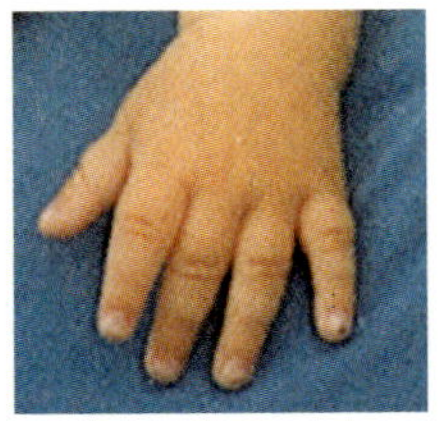

Meine kleine Kinderhand

T/M: Sandra Fiedler

2. Meine kleine Kinderhand kann viele Sachen machen.
Meine kleine Kinderhand kann schnippen, patschen, klatschen.
Meine kleine Kinderhand gehört einfach zu mir.
Meine kleine Kinderhand – dafür dank ich dir.

Wie frisches Wasser ...

Unterbrechen Sie Ihren anstrengenden, oft aufreibenden Alltag mit kleinen »Tankstellen«. Wie wäre es damit:

Stellen Sie sich vor,

- das kalte Wasser in Ihren Händen, das Ihr Gesicht erfrischt, ist *mehr* als Wasser zum Waschen ...
- das Glas Wasser, das Sie trinken, ist *mehr* als ein Schluck Wasser, der zwischendurch schnell getrunken wird ...

Stellen Sie sich also vor, das Wasser wäscht auch Ihre Sorgen fort, es reinigt und lässt wieder klar blicken, es erfrischt und erquickt sie, es stärkt sie, weil Wasser die Quelle des Lebens ist.

Waschen Sie sich doch einfach einmal in diesem Bewusstsein Ihr Gesicht ...
Trinken Sie doch einfach einmal in diesem Bewusstsein ein Glas Wasser ...

Wir wünschen Ihnen in dieser Zeit liebe Menschen, ...

- die mal eine Stunde mit dem Baby spazieren gehen, damit Sie Zeit für sich haben ...
- die mal einen großen Topf Suppe für Sie mit kochen ...
- die mal eine »Nachtwache« beim Baby übernehmen, damit Sie ausgehen können ...
- die einen Frühlingsputz oder den Wäschekorb übernehmen ...
- die Ihnen frische Blumen und Mut machende Worte schenken ...

»Haben wir was falsch gemacht?«

»Das Seelenleben des Ungeborenen«, »Bio-Baby«, »Wie man ein Baby glücklich macht« – nur eine kleine Auswahl der Buchtitel, die wir uns während der ersten Schwangerschaft zulegten. Wir freuten uns auf das Kind und wollten als Eltern von Anfang an alles richtig machen. Also lasen wir alles, was wir zum Thema fanden. Bald schwirrte uns der Kopf: Nur Stillen oder doch Zufüttern? Schreien lassen oder doch immer Hochnehmen? Und dann – was man alles zum Besten des Babys beachten sollte: Massage, Intelligenz-Förderung, Früherkennung …

Irgendwann merkten wir: Alles richtig machen zu wollen, bringt uns unter einen enormen Druck. Wir legten also alle Bücher und Elternzeitschriften erst einmal zur Seite und versuchten, auf unser eigenes Gefühl zu hören. Wir hatten entdeckt: Jede Familie muss ihren eigenen Weg finden. Es gibt kaum Patentrezepte. Eigentlich nur ein einziges. Der Liedermacher Reinhard Mey hat es sinngemäß so ausgedrückt: »Als Eltern machen wir sowieso Fehler. Keiner kann immer alles richtig machen. Es kommt nur drauf an, es mit so viel Liebe wie möglich falsch zu machen.«

Oder, wie ein weiser Christ es vor vielen Jahrhunderten formulierte: »Liebe, und dann tue, was du willst!«

Taufe

Lasst die Kinder zu mir kommen

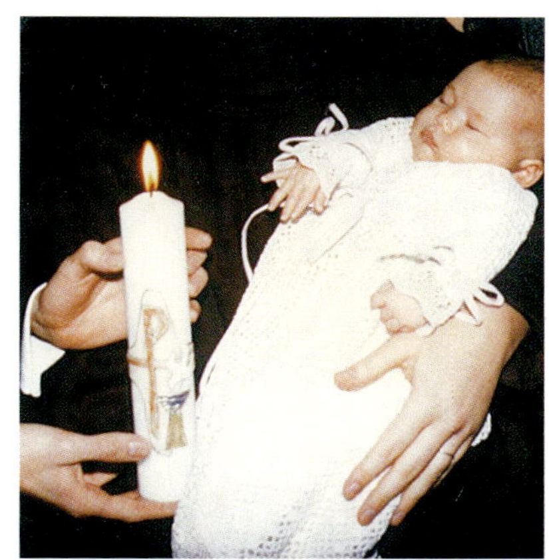

Jesus sagt:
Lasst die Kinder zu mir kommen;
hindert sie nicht daran.
Denn Menschen wie ihnen
gehört das Reich Gottes.

Markus 10, 14

Unser Kind wird getauft. »Danke!« – das ist das Gefühl, das mich erfüllt. Danke für dieses Wunder, unser Kind. Staunen, dass es uns anvertraut ist. Aber auch ein bisschen Sorge: Was wird aus ihm werden? Welche Wege wird es gehen? An welches Ziel wird es kommen? Und darum die Bitte: Behüte es, guter Gott!

Unser Kind wird getauft. Wir hören die Geschichte, wie Jesus die Kinder zu sich ruft. Auch unser Kind. In der Taufe wird es zu Gottes Kind erklärt. Gott liebt unser Kind. Und er will mit ihm leben. Ob es das einmal glauben kann?

Unser Kind wird getauft. Wir Eltern sind gefragt. Ob wir unser Kind in der Verantwortung vor Gott erziehen wollen. Wir übernehmen Verantwortung. Wir werden Rechenschaft darüber geben, wie wir unser Kind behandeln. Der Maßstab ist die Liebe. Die Liebe Gottes. Wir sagen: »Ja, mit Gottes Hilfe!«

Wann »wird es Zeit« ein Kind zu taufen? Früher galten Regeln wie: »Bevor das Kind getauft ist, darf es nicht aus dem Haus!« Dahinter steckte die Angst, dem Kind könnte vor der Taufe etwas zustoßen, und dann käme es nicht »in den Himmel«. Nur: Was wäre das für ein Gott, der sich durch unsere Rituale zu einem bestimmten Verhalten verpflichten ließe? Gottes Liebe hängt nicht von unserem Handeln ab. Im Gegenteil: Sie wirkt schon, bevor wir irgend etwas tun. Darum ist es ja überhaupt sinnvoll, kleine Kinder zu taufen: Weil Gott uns Menschen von Anfang an liebt. Bevor wir uns das verdienen können. Die Taufe stellt die Liebe Gottes nicht erst her, sie drückt sie nur aus.

Darum gibt es keinen falschen oder richtigen Zeitpunkt für die Taufe. Ob sechs Wochen, sechs Monate oder sechs Jahre: Es ist nie zu spät – oder zu früh, Gottes Liebe zu feiern.

Für die praktische Durchführung des Taufgottesdienstes gibt es allerdings günstige und weniger günstige Altersstufen. Wenn Eltern im Taufgottesdienst versuchen, ihren aufgeweckten, fröhlich um den Altar sausenden Zweijährigen einzufangen, um dann den zappelnden Burschen nur mit Mühe einigermaßen zielsicher über das Taufbecken zu halten, ist das vielleicht ein weniger günstiger Zeitpunkt. Das geht mit Säuglingen natürlich einfacher. Vielleicht wollen Sie ja aber auch warten, bis ihr Kind seine Taufe selbst bewusst miterleben (und mitgestalten) kann?

Was aber geschieht eigentlich bei der Taufe? Die Symbole des Taufgottesdienstes machen es deutlich:

Auf Händen getragen

Zuerst die Hand, die beim Segnen dem Kind auf den Kopf gelegt wird. Hände sind ja für kleine Kinder ganz wichtig. Und nicht nur, weil sie in den ersten Monaten buchstäblich »auf Händen getragen werden«. Mit ihren Händen vermitteln Eltern ihrem Kind Lebensnotwendiges: Mit ihren Händen wickeln, füttern, streicheln sie es. Sie halten, tragen, wiegen und kitzeln es mit ihren Händen. Mit den Händen der Eltern verbinden sich für ein Kind Grunderfahrungen von Halt, Geborgenheit und Zärtlichkeit.

In der Bibel sind darum auch die Hände Gottes ein wichtiges Bild. *»Von allen Seiten umgibst du mich und hältst deine Hand über mir«* heißt es im Psalm 139,5: die Hand Gottes, die mich schützt und mir Halt gibt; die Hand, die mir entgegengestreckt wird, und an der ich mich halten kann; ein Leben lang; die Hand, die mich spüren lässt: Gott ist mir ganz nah.

Darum ist der Segen für das Taufkind mit einer körperlichen Berührung verbunden: durch die Hand, die beim Segensgebet dem Taufkind auf den Kopf gelegt wird. So wie Jesus den Kindern die Hand aufgelegt hat, als er sie segnete. Um zu zeigen: Gott ist dir ganz nah, so nah wie diese Hand. Dein ganzes Leben wird er diese Hand nicht zurückziehen.

Es ist ein schönes Zeichen, wenn Sie als Eltern im Taufgottesdienst beim Segensgebet selber Ihrem Kind die Hand auflegen. Denn Sie sind die ersten, die diesen Menschen spüren lassen: Du bist geliebt. Sie wecken mit ihrer Liebe und Zärtlichkeit das Zutrauen in die Liebe und Nähe Gottes. Durch Ihre Liebe und Fürsorge segnen Sie ihre Kinder jeden Tag. Der Segen im Taufgottesdienst kann der sichtbare Ausdruck dafür sein.

Wasser – Quelle des Lebens

Mit der Hand wird dann das Wasser geschöpft, das beim Taufen über den Kopf gegossen wird. Wasser ist der Ursprung des Lebens. Aus dem Wasser ist alles Leben gekommen. Und auch der neugeborene Säugling hat ja sein Leben im Wasser begonnen – im Fruchtwasser, das ihn neun Monate lang geschützt, gewärmt und geborgen hat. Kein Wunder, dass sich viele Babys im warmen Wasser unwillkürlich wohl fühlen. Und auch wir Erwachsenen empfinden ähnlich: »Ich fühl' mich wie neugeboren«, sagen wir zum Beispiel nach einer erfrischenden Dusche ...
Wasser ist die Quelle des Lebens hier auf der Erde. Wir taufen mit Wasser, um zu zeigen: Gott, der Ursprung des Lebens, will auch dein Leben fruchtbar machen. Gott ist die Quelle des Lebens für dich. Aus ihm kannst du schöpfen, was du brauchst zu einem erfüllten Leben.

Wasser kann aber noch mehr. Zum Beispiel ist es zum Waschen da. Und so ist die Taufe schon immer auch als symbolische Reinigung verstanden worden: Die dunklen Flecken auf der Seele, das, was nicht in Ordnung ist vor Gottes Augen, die Schuld, die wir angesammelt haben, all das soll in der Taufe vergehen. Natürlich hat ein kleines Kind all das noch nicht erfahren. Aber die Taufe ist ja eine Sache fürs Leben. Eine Quelle, aus der wir ein ganzes Leben lang schöpfen können.

Auch das weiße Taufkleid war schon immer ein Symbol für Reinigung und Neuanfang. Und wenn es auch heute von dieser Symbolkraft etwas verloren hat, ist es ein schönes Element in der Tauffeier, zum Beispiel, wenn schon Eltern oder sogar Großeltern darin getauft wurden. Dann ist es auch ein Zeichen für Verbundenheit in der Familie über die Generationen hinweg.

Licht, das Mut macht

Vielleicht möchten Sie, dass für Ihr Kind eine Taufkerze angezündet wird. Das Licht ist ebenfalls ein vielsagendes Symbol der Taufe. Licht ist dort nötig, wo es finster ist. Und finster genug schaut es heute ja aus auf unserer Welt. So finster, dass manche entscheiden, keine Kinder zu bekommen. Sie möchten ihnen diese Welt nicht zumuten. Nur – wer sollte die Zukunft der Welt gestalten, wenn nicht unsere Kinder? Und wer ruft uns selbst stärker in die Verantwortung für diese Welt als eben unsere Kinder?
»Es ist besser, ein kleines Licht anzuzünden, als über die Finsternis zu schimpfen«, heißt ein Sprichwort.

Bei der Taufe zünden wir ein Licht an, das uns Mut machen kann, weil es ausdrückt: In deinem Leben soll es nie mehr ganz finster werden können. Jesus, der gesagt hat: »Ich bin das Licht der Welt«, will auch das Licht deines Lebens sein.

Als Erinnerung an dieses Versprechen kann die Taufkerze auch später immer wieder angezündet werden. Am Geburtstag, oder noch besser, am Tauftag (vielleicht mit einem kleinen Geschenk, das neben der brennenden Kerze am Frühstückstisch liegt?). Und wenn dann bei einem Tauferinnerungsgottesdienst oder bei der Taufe eines jüngeren Geschwisters das Kind seine Kerze mit in die Kirche nehmen darf, dann spürt es: Ich gehöre dazu! Auch mich hat Gott zu seinem Kind erklärt! Es gibt wunderschöne Taufkerzen in den entsprechenden Läden oder über die Kirchengemeinde zu kaufen. Es gibt auch die Möglichkeit eine persönliche Taufkerze zu gestalten ... Vielleicht macht das zukünftigen Paten Freude?

Ja, Gott hat alle Kinder lieb

So kann ein Taufgottesdienst aussehen, an dem andere Kinder der eingeladenen Familien oder der anwesenden Gemeinde teilnehmen:

Alle Kinder und Erwachsenen werden am Eingang persönlich vom Pfarrer und den Mitarbeiterinnen begrüßt. Sie bekommen ein Namensschild. Eine Blume aus Tonpapier wurde mit dem Namen beschriftet und wird mit Fotokleber gut sichtbar an der Kleidung befestigt. So werden alle willkommen geheißen, Große und Kleine, Jüngere und Ältere ... Nachdem einige ihre Namen auch laut sagen und wir uns über die Anwesenden und die vielen bunten Namensblumen freuen, wird gesagt: »Gott kennt unsere Namen. Gott kennt uns. Wir gehören zu Gott. Unser Taufkind gehört auch zu Gott. Und durch die Taufe sagt Gott: Ich kenne dich. Ich kenne deinen Namen. Ich bin für dich da. Ich habe dich lieb so wie du bist. Du gehörst zu mir.«

Und das ist etwas Wunderbares. Darum wollen wir auch zusammen diesen Taufgottesdienst feiern. Die Kirche ist geschmückt, die Kerzen brennen – und dort ist der Taufstein, an dem die Kinder getauft werden. Den Taufstein wollen wir jetzt mit den Kindern schön gestalten und mit Blumen schmücken.
Jedes Kind bekommt eine Blume und darf damit den Taufstein schmücken.

Nach der Taufhandlung und dem Anzünden der Taufkerze, das die Kinder ganz genau sehen können, weil sie in einem Kreis um den Taufstein stehen, bekommt auch das Taufkind ein Namensschild.

Kleinkindzeit

Erste Schritte gehen ...

So viel passiert in den ersten Lebensjahren. Es kostet viel Kraft und Energie, bis – im wahrsten Sinne des Wortes – alle Kinderkrankheiten überstanden sind. Wir merken, dass unsere Kinder immer selbständiger werden, dass sie eigene Wege gehen. Wir wollen als Eltern Vorbild sein und unsere Kinder begleiten.

Der erste Kindergartentag ist in vielen Familien ein einschneidendes Erlebnis, genauso wie der erste Schultag. In diese Zeit fallen auch die ersten Fragen nach Gott: ... Wo ist er? Wie sieht er aus? Kann er wirklich alles? Statt schneller, fertiger Antworten könnten wir nachdenklich reagieren, mit einem »Hmm, was meinst Du?« oder »Tja, ich stelle es mir so vor ...« oder »Das weiß ich auch nicht so genau!«. Auf alle Fälle sollten wir Gott nicht für *unsere* Erziehungsziele missbrauchen: »Der liebe Gott will nicht, dass Du lügst!«, »Gott sieht alles!«, »Das war die Strafe Gottes!« Es gibt noch andere Aussagen, die Gott nie und nimmer zum Freund werden lassen.

Wir wollen, dass unsere Kinder zu selbstbewussten und glücklichen Kindern in einer gesunden und friedlichen Welt werden – und Gott

ist mittendrin dabei! Die folgenden Vorschläge zeigen, wie wir Sicherheit geben, Selbstwertgefühl vermitteln und auch Unterschiede akzeptieren können. Biblische Geschichten und alltägliche Begebenheiten vermischen sich und stärken uns und unsere Kinder. Und wenn wir einmal an Tiefpunkte gelangen, denken wir daran: Gemeinsam sind wir stark! Gemeinsam in der Familie und/oder mit Freunden ... die Kleinen und die Großen, die Jüngeren und die Älteren ...
Lassen Sie sich also einladen.

Schon als du ganz klein warst

Vom Wachsen

Schon als du ganz klein warst ➤

in Mamas Bauch, ➤

da liebte dich Gott und die Eltern auch.

Nun wächst du jeden Tag ein Stück ➤

und passt nicht in den Bauch zurück.

Die Beine wachsen ... ➤

die Arme wachsen ... ➤

... der Mund wächst.

Und eines Tages bist du groß ➤
und Mama (Papa) passt auf deinen Schoß.

Geste für »klein«

auf den Bauch zeigen.

Hände immer weiter auseinander.

Jeden genannten Körperteil berühren

und pantomimisch in die Länge ziehen.

Kind in die Luft heben, auf den Stuhl setzen und andeutungsweise auf dem Kinderschoß Platz nehmen.

Kindermutmachlied

T/M: Andreas Ebert
© Hänssler-Verlag, D-71087 Holzgerlingen

2. Wenn einer sagt:
»Ich brauch dich, du;
ich schaff es nicht allein«,
dann kribbelt es in meinem Bauch,
ich fühl mich nicht mehr klein.
(lalalala ...)

3. Wenn einer sagt:
»Komm, geh mit mir;
zusammen sind wir was«,
dann werd ich rot, weil ich mich freu,
dann macht das Leben Spaß.   (lalalala ...)

4. Gott sagt zu dir:
»Ich hab dich lieb.
Ich wär so gern dein Freund!
Und das, was du allein nicht schaffst,
das schaffen wir vereint.«
(lalalala ...)

Offene Arme (Sicherheit geben)

Kennen Sie dieses herrliche Gefühl, aufgefangen zu werden? Können Sie sich noch erinnern, wie Sie als Kind auf die ausgebreiteten Arme Ihrer Mutter oder Ihres Vaters zu gerannt sind – und dann durch die Luft gewirbelt wurden?
Hat Ihr Kind dieses herrliche Spiel schon entdeckt?

»Nochmal, nochmal ...« rufen die Kinder, bis die Erwachsenen nicht mehr können, weil es ihnen ganz schwindelig ist.

Ich werde erwartet, aufgefangen, gehalten und nicht losgelassen. Dies ist nicht nur ein herrliches Gefühl, sondern auch eine lebenswichtige Erfahrung!

Hier entsteht ein tiefes Vertrauen im Kind: zum einen zu den Erwachsenen, die an seiner Seite sind, zum anderen in das Leben selbst. – »Ich werde getragen, ich werde wieder aufgefangen«.

Wenn wir das Bild in uns tragen, dass Gott unsere Welt und unser Leben in seinen Händen hält, können wir uns darauf verlassen, dass er uns nicht fallen lässt. Wir dürfen darauf vertrauen, dass er uns immer wieder auffängt – mit offenen Armen. Ein Grundgefühl, das Kindern bei allen auch nur geahnten oder unausgesprochenen Ängsten eine Hilfe ist und Si-

cherheit gibt. Auch die Erwachsenen können sich in Gottes Arme fallen lassen und werden von der schweren Last der alleinigen Verantwortung für ihre Kinder befreit: »Ich kann nicht alles alleine schaffen, immer da sein, immer aufpassen, aber ich tue, was ich kann. *Guter Gott, geh' du mit uns, sei Du immer da, passe Du immer auf.«*

In der Bibel steht eine Geschichte von einem Vater, der seinen Sohn mit offenen Armen aufgenommen hat. Der Sohn war weggegangen und es ging ihm gar nicht gut. Dann ist er zu seinem Vater nach Hause zurückgekehrt und der Vater hat sich sehr gefreut ... und sie feierten ein großes Fest! Die Geschichte heißt *»Der verlorene Sohn«* und sie soll uns sagen, dass Gott alle Menschen so lieb hat, wie dieser Vater seinen Sohn. Gott nimmt die Menschen mit offenen Armen auf. Probieren Sie es jetzt gleich aus: Stellen Sie sich hin und öffnen Sie Ihre Arme, breiten Sie sie ganz weit aus ... So offen und freundlich will uns Gott aufnehmen, weil er uns lieb hat.

Wer die Geschichte (Lukas 15) schon ausführlicher erzählen mag, kann geeignete Kinderbibeln zu Hilfe nehmen. Ansprechende Bilder und einfache Texte finden Sie in den Kinderbibeln mit Bildern von Kees de Kort (siehe Anhang). Es gibt fast alle Geschichten auch einzeln in kleinen Heftchen.

2. Er hält die Eltern und die Kinder in der Hand ...

3. Er hält auch dich und mich in der Hand ...

Strophen selber weiterdichten!

Du bist wichtig
(Selbstwertgefühl stärken)

»Sie sind etwas ganz besonderes! Ja, Sie!«
»Ich? Wieso ich? Ich doch nicht! Na ja, vielleicht ...«

Sie sind etwas besonderes! Sie sind wichtig! Auf Sie kommt es an!
Wir sind wichtig. Auf uns kommt es an. Auf die Kinder und auf die Erwachsenen. Wenn wir in diesem Bewusstsein mit unseren Mitmenschen und unserer Umwelt umgehen, ist das ein großer Gewinn.

Sie kennen vielleicht die Worte von Jesus aus der Bergpredigt:

»Ihr seid das Salz der Erde.«
»Ihr seid das Licht der Welt.«

In diesem Selbstbewusstsein können wir die Schöpfung bewahren und die Liebe untereinander weitergeben. Gott hat uns dazu befähigt. All das können wir an unsere Kinder weitergeben. Wir können Verantwortung übernehmen.

Wir erzählen die *Geschichte vom verlorenen Schaf* aus der Bibel (Lukas 15) (eventuell mit Holzfiguren und Naturmaterialien veranschaulicht):

Es war ein Hirte, der hatte viele Schafe. Der Hirte hatte alle seine Schafe sehr lieb. Er kannte alle Schafe mit ihrem Namen. Auch die Schafe kannten ihren Hirten und hörten auf seine Stimme. Jeden Tag zog der Hirte mit seinen Schafen auf die Weide, wo es gutes grünes Gras zum Fressen gab. Der Weg war oft gefährlich. Er führte über steinige Berge und durch finstere Täler. Aber die Schafen blieben dicht bei dem Hirten. So konnten sie sich nicht verlaufen.

Aber eines Tages passierte etwas. Am Abend zählte der Hirte seine Schafe und da erschrak er. Ein Schaf fehlte. Ein kleines Schaf fehlte. Es war »Miri«. Er rief ganz laut nach dem Schaf »Miri«, »Miri«, aber es kam nicht. Der Hirte zog sofort los, um das verlorene Schaf zu suchen. Er ging immer weiter in die Nacht hinein. Er stieg über Felsen und durch Schluchten. Und immerzu rief er das Schaf mit Namen: »Miri.« Er suchte ganz lange und machte sich große Sorgen.

Auf einmal hörte er etwas, nur ganz leise. War das nicht sein Schaf? Der Hirte lief schnell darauf zu. Und wirklich! Da lag das Schaf, das sich verlaufen hatte. Es war am Bein verletzt – aber der Hirte hatte sein Schaf gefunden! Er freute sich sehr. Er nahm »Miri« behutsam auf seine Schultern. Er trug das kleine Schaf nach Hause und so war es wieder mit den anderen zusammen. Es waren wieder alle Schafe da. Jedes Schaf ist wichtig.

Diese Geschichte aus der Bibel zeigt, dass jede und jeder von uns wichtig ist.
Jeden von uns hat Gott sehr lieb, wie der Hirte seine Schafe.

»Der Herr ist mein Hirte,
mir wird nichts mangeln.«

Wie ein Hirte ...

T/M: Johannes Oeters

»Ich bin wer« – diese großartige Sache kann schon mit den Kleinsten entdeckt werden: Ein Tuch über den Kopf oder die Augen gelegt und »Kuckuck« gerufen ... Das Tuch wird weggezogen und ein freudiges »Daaaaa!« erklingt. Das ist die einfachste Form des Versteckens und Entdecktwerdens und der Freude über das Da-sein.

Kunterbunt und alle gleich (Verschiedenheit wahrnehmen)

Wie geht es Ihnen mit dem Gedanken, dass alle Kinder unterschiedlich sind, sie entwickeln sich individuell, gehen ganz eigene Wege, um Dinge zu erlernen, sie haben ein unterschiedliches Tempo und einen individuellen Stil! Das ist doch o.k., oder? Warum also vergleichen? Mein Kind ist schon sauber, mein Kind spricht schon, mein Kind kann schon laufen ...???

Eine Bereicherung ist, wenn wir unsere Verschiedenheit wahrnehmen. Das vermittelt gerade den kleinen Kindern das Gefühl, so wie es gerade ist, ist es gut. Das was Du kannst, ist in Ordnung. Philipp macht es so. Laura so und Du so! Alles ist in Ordnung. Daraus wächst das Gefühl des Angenommenseins: Du wirst geliebt, so wie du bist.

Dieses Gefühl des Angenommenseins ist eine wichtige Grundlage für spätere Herausforderungen: Ich muss nicht der Coolste bei der Auswahl der Klamotten sein. Ich muss nicht der Schnellste auf der Autobahn sein. Ich muss nicht den meisten Alkohol vertragen. Ich gehe meinen eigenen Weg, habe meine eigenen Wertigkeiten.

Jede macht es eben so, wie sie es für richtig hält und jeder macht es eben so, wie er es für richtig hält.

Gott liebt uns wie wir sind!

Gott hat dich lieb

T/M: Johannes Oeters

Wir gestalten ein schönes Bild ... mit dem Kind ... mit der ganzen Familie ... mit unserem Besuch ... in einer Gruppe ...

Mit bunten Wasser- oder Fingerfarben entsteht durch Fingerabdrucke oder Handabdrucke ein buntes Bild.

Wir sehen die Unterschiede – nicht nur die verschiedenen Farben, sondern auch die verschiedenen Größen und Formen der Hände, die Einzigartigkeit des Fingerabdrucks. Es ist ein schönes Bild geworden. Die Finger- oder Handabdrücke zeigen es besonders: Jeder Mensch ist einzigartig. So hat Gott uns geschaffen. So wie wir sind, hat Gott uns lieb.

Jede und jeder Einzelne ist etwas Besonderes *und* - schaut auf das Bild – alle zusammen ergeben wir ein schönes Bild.

Jede und jeder Einzelne ist etwas Besonderes *und* wir

gehören zusammen. Wir sind eine Gemeinschaft und wir sind in einer Gemeinschaft – in der Familie, in der Eltern-Kind-Gruppe, im Kindergarten, in der Schule ...

Wir müssen zusammenhalten und unsere Gemeinschaft pflegen.

Und Jesus hatte da eine gute Idee:

Wir gehören zusammen, weil Gott uns alle lieb hat. Wir sind verbunden durch Gott. Daran können wir denken, wenn wir Brot miteinander teilen. Wir nehmen Brot, das können wir durchbrechen und teilen, so dass alle ein Stück bekommen. Und wenn wir es essen, können wir wissen, dass Gott uns lieb hat und wir zusammengehören. Das stärkt uns.

»Guter Gott, das ist gut, dass wir zusammengehören und nicht alleine sind. Das ist gut, dass du uns lieb hast. Wir danken dir dafür. Amen.«

Ein guter Platz für den Igel
(eine gute Ausgangssituation)

Wo haben Sie einen guten Platz?
Wo fühlen Sie sich gut aufgehoben?
Tut es Ihnen auch manchmal gut, sich fallen zu lassen und darauf zu vertrauen, so wie es ist, ist es gut?

Gerade für Kinder ist es wichtig, zu wissen, »wo ist mein Platz ...«. Viele Rangeleien und Streitereien gehen nur darum, einen eigenen Platz bzw. eine gute Position innerhalb der Geschwisterreihe, Familie oder Gruppe zu haben.

Von einem guten und sicheren Standort aus kann ich auch kleine (oder große) Ausflüge und Abenteuer wagen. Wenn ich weiß, wo ich zu Hause bin und wo mein sicherer Platz ist, kann ich mich in der »großen Welt mit ihren vielen Schauplätzen« nicht verirren.

Auf einen sicheren Standort oder guten Platz bei Gott vertrauen zu können, gibt nicht nur ein gutes und stärkendes Gefühl. Es macht auch kräftig gegen Einflüsse, die massiv von außen herangetragen werden: die verführerische Welt der Drogen, die vermeintlichen Gemeinschaften von Sekten usw.

Die folgende Geschichte vom Igel hilft uns, auf unseren guten Platz zu vertrauen. Dabei dienen ein Igel – Handpuppe, Kuscheltier oder selbstgebastelt – und ein Korb mit getrockneten Herbstblättern sowie ein Korb mit Watte-Schneeflocken als Gestaltungshilfe.

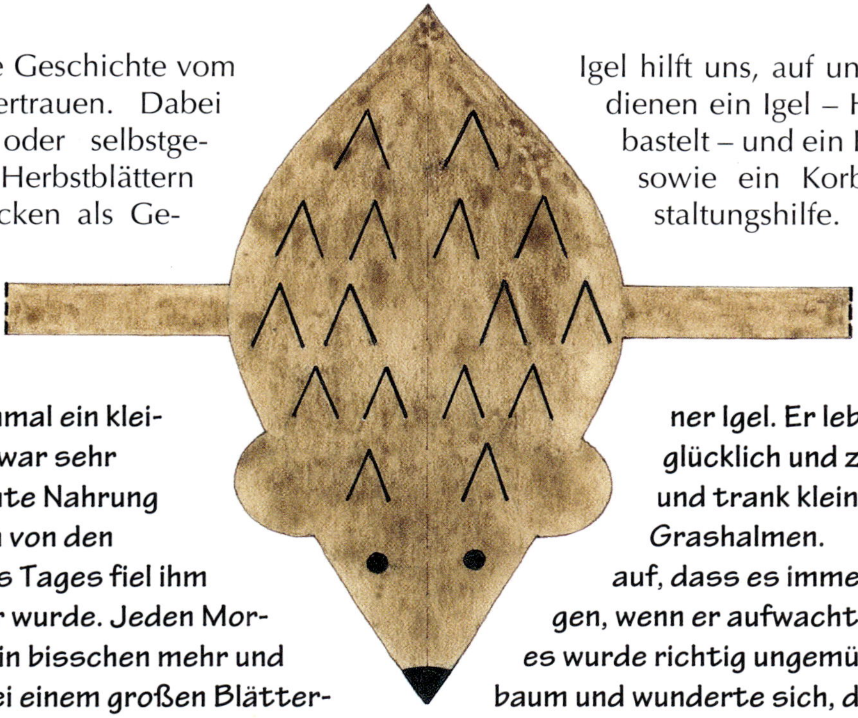

Es war einmal ein kleiner Igel. Er lebte im Wald und war sehr glücklich und zufrieden. Er fand gute Nahrung und trank kleine Wassertröpfchen von den Grashalmen. Doch eines Tages fiel ihm auf, dass es immer kälter und kälter wurde. Jeden Morgen, wenn er aufwachte, fror es ihn noch ein bisschen mehr und es wurde richtig ungemütlich. Er wohnte bei einem großen Blätterbaum und wunderte sich, dass jeden Tag immer mehr Blätter herabfielen. Er mochte die alten braunen Blätter nicht und doch wurden es immer mehr und sie deckten ihn zu. Aber er wollte es nicht dunkel haben und krabbelte immer wieder heraus.

So ging das Spiel einige Tage: Die Blätter fielen auf den Igel, wenn er schlief – und wenn er aufwachte, krabbelte er schnell wieder heraus, weil er es nicht so dunkel haben wollte. Doch dann wurde er immer müder und müder und es wurde immer kälter und kälter. Und eines Tages kam der Schnee. Die Schneeflocken deckten den Waldboden und die Blätter zu. Da wurde es dem Igel so kalt, dass er ganz tief in den großen Blätterhaufen kroch und merkte, wie warm und gemütlich es unter den Blättern war. Wie schön war doch sein Blätterhaufen – auch wenn es dunkel war, das machte gar nichts. Da schloss der kleine Igel die Augen und machte einen langen, langen Winterschlaf. Und er hatte einen wunderschönen Traum – bis zum Frühling.

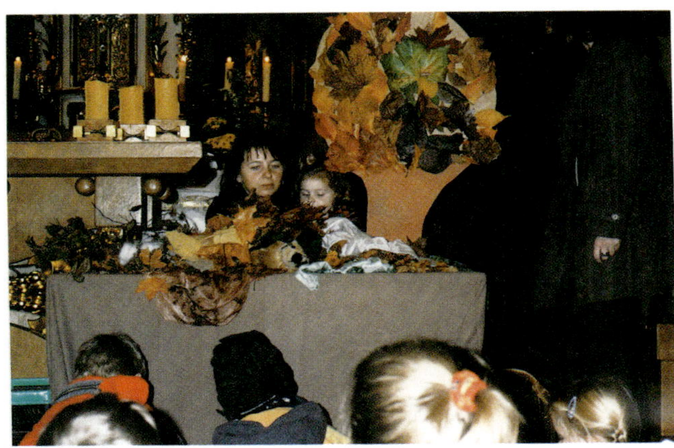

»Der Igel hat einen guten Platz.
Das hat Gott gut gemacht.
Gott will, dass die Tiere einen guten Platz haben, auch im Winter.
Gott will auch, dass die Menschen einen guten Platz haben.

Hast Du einen guten Platz?
Wo fühlst Du Dich wohl?
Im Bett? Auf dem Schoß?

Komm, den »guten Platz« probieren wir jetzt aus ...« Jetzt kann gemeinsam gekuschelt werden oder alleine ein gemütlicher Platz gefunden werden.
»So wie der Igel einen guten Platz in seinem Blätterhaufen hat, so wie die Kinder einen guten Platz auf dem Schoß ihrer Eltern haben – so haben wir alle einen guten Platz bei Gott.«

»Guter Gott, wir danken Dir, dass wir einen guten Platz bei unseren Eltern haben.
Wir bitten Dich für alle, die sich alleine fühlen, zeige ihnen ihren guten Platz
und gute Freunde. Amen.«

Wir machen uns ein ganz persönliches »Guter-Platz-Kissen«, indem wir eine unbedruckte Stofftasche (zum Beispiel aus einem Supermarkt) mit Stofffarben bemalen oder unseren Namen darauf schreiben. Die Tasche wird dann mit Schaumstoff oder einem Kissen gefüllt und zugenäht. So haben wir einen guten Platz, den wir überall mit hin nehmen können.

Wunderbar
bist du gemacht ...
(Körperbewusstsein)

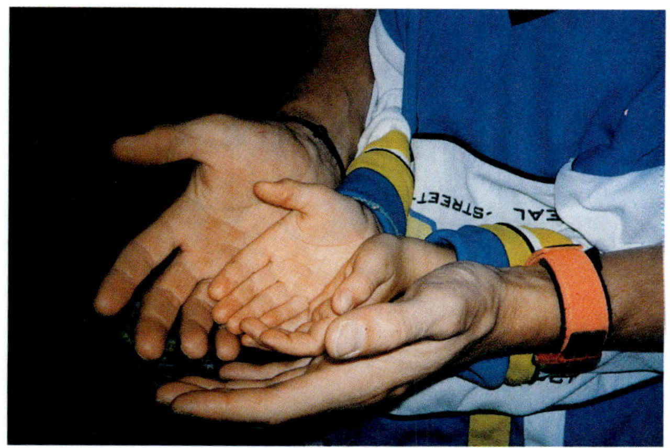

 Geht es Ihnen nicht auch so, dass Sie manchmal Ihrem Kind etwas verträumt über den Kopf streicheln und denken: »Wie schön, dass es dich gibt!«; dass Sie die kleinen Hände in Ihre großen Hände legen und sagen: »Schau, wie deine Hände schon gewachsen sind.«

Sie betrachten Ihr Kind und streichen von Kopf bis Fuß über die Arme und Beine und denken: »Wie wunderbar bist du gemacht!«

 Das bewusste Wahrnehmen des Gesichts, der Arme und Beine, jede Berührung des Körpers durch Streicheln, Massage oder Bewegungsspiele vertiefen unseren eigenen Blick vom Wachsen und Gedeihen unseres Kindes und stärken das Selbst-Bewusst-Sein unseres Kindes. Kinder erfahren »nebenbei«, dass ihr Körper etwas Wunderbares ist ...

... Die Augen können sehen ... Die Ohren können hören ... Die Nase kann riechen ... Der Mund kann sprechen und schmecken ... Die Arme können umarmen ... Die Hände können greifen ... Die Füße können laufen ...

Das ist alles nicht selbstverständlich! Gerade Eltern mit Kindern, die in manchen Fähigkeiten eingeschränkt sind, wissen dies. Freude und Dankbarkeit über die kleinen und großen Wunder unseres Körpers können zu einer guten und gesunden Körperwahrnehmung beitragen.

Wir können ruhig öfter mal aussprechen, dass es wunderbar ist, was wir alles können ... vielleicht kommt uns da auch mal der Gedanke: »Du bist ein Volltreffer!«

Volltreffer-Lied

T/M: Daniel Kallauch. © 1992 cap!-music, 72213 Altensteig

2. ... mit deinen schönen Ohren ... hören ...
3. ... mit deinen schönen Beinen ... laufen ...
4. ... mit deinen beiden Händen ... helfen ...
5. ... mit deiner großen Nase ... riechen ...

Egal, ob es später um Modebewusstsein, Auftreten, Sexualität, Körpersprache oder Krankheiten geht, ein sensibler und freundlicher Umgang mit dem eigenen Körper und ein positives Körpergefühl werden immer hilfreich sein.

Vielleicht kennen Sie die folgenden Ideen, die Hände, Füße oder den ganzen Körper sichtbar machen:

Handabdruck in Salzteig oder Knete (zum Trocknen und Aufhängen, mit Namen und Jahreszahl als Erinnerung; wird von den Kindern gerne immer wieder angeschaut und es wird ausprobiert, ob die Hand schon gewachsen ist ...)

Schattenzeichnung (weißes Papier an die Wand geklebt, Lichtquelle im verdunkelten Raum, Kind sitzt zwischen Lichtquelle und Papier – das Profil wird auf das weiße Papier aufgemalt, ausgeschnitten und auf schwarzes Tonpapier geklebt)

Persönliche Bettwäsche (weiße Bettwäsche – aus Omas Schrank oder neu gekauft – auf den Boden legen; das Kind legt sich mit dem Kopf auf das Kopfkissen: Kopf und Hals und ein Teil des Oberkörpers werden mit einem Stift umfahren, dann mit Stoffmalfarben ausgemalt und fixiert. Das gleiche auf der Zudecke: Hier legt sich das Kind mit dem ganzen Körper auf die Bettwäsche und wird umfahren ...). Wenn das Kind das erste Mal auswärts schläft, kann es mit dieser persönlichen Bettwäsche einen guten Begleiter (sich selber auf Stoff) mitnehmen.

Gott hat uns geschaffen. »Und siehe es war sehr gut.« Und alles, was unserer Meinung nach noch schöner und besser an uns und unseren Kindern sein kann, können wir getrost hintanstellen, denn: Gott hat uns so geschaffen, wie wir sind. Gott liebt uns so, wie wir sind. (Vielleicht kennen Sie das Buch einer querschnittgelähmten Frau und Ärztin: »Um Füße bat ich und er gab mir Flügel.«)

Die Freude über das, was wir mit unserem Körper, mit unseren Sinnen und Gliedern können, lässt uns auch die Dinge entdecken, die wir »in seinem Namen« tun können. So können wir uns (oder unser Kind, wenn es schon groß genug ist) fragen:

»Wozu gab uns *Gott* wohl unsere Hände? Wozu gab er uns unsere Beine? ...«

Herr, gib du uns Augen, die den Nächsten sehn

2. Hände, die es lernen, wie man hilft und heilt;
   Füße, die nicht zögern, wenn die Hilfe eilt.
3. Herzen, die sich freuen, wenn ein andrer lacht;
   einen Mund zu reden, was ihn glücklich macht.
4. Dank für alle Gaben, hilf uns wachsam sein,
   zeig uns, Herr, wir haben nichts für uns allein.

 Wir haben wunderbare Möglichkeiten, unseren Nächsten zu lieben und ihm das zu zeigen – mit Gedanken, Worten und Taten. Und: Vergessen wir auf keinen Fall, auch uns selbst zu lieben und uns Gutes zu tun!

»Liebe deinen Nächsten wie dich selbst.«
3. Mose/Levitikus 19,18

So können wir auch mit unseren Kindern die Dinge entdecken, die uns, ihnen und anderen gut tun. Anregungen dazu finden Sie besonders im Kapitel »Sinneserfahrungen« (vgl. ab Seite 106):

- Massage
- Duftlampe
- Klangschale
- Phantasiereise
- Stilleübungen
- Naturerfahrungen

MIT KINDERN DURCH DEN TAG

»Gott steckt in den kleinen Dingen.«

Hoppe, hoppe Reiter - Rituale sind wichtig

Hoppe, hoppe, Reiter,
wenn er fällt, dann schreit er,
fällt er in den Graben,
fressen ihn die Raben,
fällt er in den Sumpf,
macht der Reiter – Plumps.

Kennen Sie auch die großen, erwartungsvollen Kinderaugen vor dem – »Plumps«?
Und gleich nach dem »Plumps« ein jubelndes »Mama, noch mal! Noch mal!«.

Sie können es überall lesen: Rituale sind wichtig! Und dies ist im Familienalltag auch leicht nachvollziehbar. Es gibt ein paar Situationen während des Tages, die – spielen sie sich immer gleich ab – Sicherheit bringen. Somit sind sie eine Pause und ein Zwischenstopp am Tag, wo Bekanntes und Vertrautes stattfindet.

Je nach Alter und Vorlieben des Kindes kann das sein:

- das Körperspiel beim Wickeln
- das Guten-Morgen-Lied beim Aufstehen oder am Frühstückstisch
- ein oder zwei Sätze, die immer gleich klingen und ganz persönlich für das eine Kind bestimmt sind
- ein Gebet oder Danke-Lied am Mittagstisch
- eine Stillerunde am Abend oder die Gute-Nacht-Geschichte.

Von morgens bis abends herrscht in einer Familie einfach Trubel:

- egal ob mit einem oder mehreren Kindern
- für kleine oder auch für größere Kinder
- und auch für Erwachsene.

Und hier wirken Situationen, in denen Rituale ihren Platz haben, wie eine »Tankstelle«.

Am Beispiel von Körperspielen und Kniereiten, wie »Hoppe, hoppe Reiter«, wird dies deutlich. Erinnern Sie sich nur an die große Freude, an die Aufmerksamkeit, an die Intensität solcher Situationen ... und manchmal auch an die große Enttäuschung oder sogar die Tränen, wenn es nicht mehr weitergeht, wenn Schluss ist mit dem schönen Spiel. Wenn wir uns einmal genauer anschauen, was denn alles in so einem Kinderreim, einem Finger- oder Körperspiel steckt, dann wird klar, warum Kinder das so lieben.

Zuwendung

Geborgenheit

Körperkontakt

Sicherheit

Vertrauen

Sprachbildung

Trost

»Hoppe, hoppe, Reiter ...« kennen wohl alle Kinder – und wir Erwachsenen haben es als Kinder auch geliebt:
Mama hat Zeit ... Ich sitze auf ihrem Schoß – bin ihr also ganz nahe ... Ich kenne schon die Worte ... Sie sind immer dieselben ... Ich kenne diese Situation und liebe sie ... Ich fühle mich sicher, weil ich schon weiß, was da auf mich zukommt ... Und es macht mir großen Spaß ...

Mit der zunehmenden Selbstständigkeit unserer Kinder verliert sich auch immer mehr der Körperkontakt. Sie liegen zum Beispiel beim Essen nicht mehr in unseren Armen, sondern sitzen auf ihrem eigenen Stuhl.
Wie schön, wenn Sie dann noch vertraute Kinderreime oder Körperspiele, die Geborgenheit vermitteln, miteinander genießen können. Und es ist erstaunlich, wie sehr auch größeren Kindern (z.B. 10-jährige) morgens beim Aufwecken oder zwischendurch beim Kuscheln diese vertrauten Verse und Spiele gefallen. Erfinden Sie ruhig auch eigene Reime. Setzen Sie Ihrer eigenen Fantasie keine Grenzen ... Dichten Sie einmal selber oder mit den Kindern ... Sprache ist so bunt und vielfältig ...

> *»Wir werden immer größer – jeden Tag ein Stück,*
> *wir werden immer größer – das ist ein ....!«*

(Na also, es klappt ja!)

> *»Große bleiben gleich groß – oder schrumpeln ein,*
> *wir werden immer größer – Gott macht das fein!«*

Kinderreime oder Finger- und Körperspiele sind gute, überlieferte Traditionen aus unseren Kindertagen, die auch den Kindern Spaß machen und tiefe Wirkungen haben.
Wir leben in einer Zeit, in der Traditionen abbröckeln und Überliefertes – sicherlich zu recht – hinterfragt wird. Alte Bräuche oder Rituale werden nicht einfach übernommen. Familien gehen auf die Suche, alte Traditionen neu zu beleben. Sie wollen wissen, warum sie etwas in ihrer Familie tun oder eben lieber unterlassen. Und das ist auch gut so. Richtig ist auch, wenn Rituale nicht um jeden Preis durchgesetzt werden ... Alles hat seine Zeit ...

Auch von Kindern nur mit wenig Begeisterung praktizierte Rituale zeigen positive Auswirkungen ...: manchmal erst, wenn die Kinder selber Kinder haben und vertraute Verse sagen oder verinnerlichte Handlungen selber tun. Rituale sind wie Pflanzen, die tief in der Erde wurzeln, damit sie sich irgendwann dem Himmel entgegenstrecken können.

Hallo, lieber Gott - auch ein Gottesdienst steckt voller Rituale

»Lasst uns beten«, heißt es im Gottesdienst. Prompt stehen alle auf und falten die Hände.

Auch ein Gottesdienst steckt voller Rituale. Handlungen, die immer wiederkehren. Ich muss nicht lange überlegen, denn ich weiß, was jetzt kommt.

Man kann das langweilig finden. Und Rituale, die nur noch »vollzogen« werden, bleiben leer.

Ich kann Rituale aber auch »füllen«. Ich kann zum Beten aufstehen und dabei denken: »Hallo, lieber Gott. Schön, dass du da bist!« Ich kann mich bekreuzigen und dabei denken: »Gott ist mir ganz nah.« Ich bete das Vaterunser, und gerade, weil ich es auswendig kenne, kann ich meine Gedanken und Gefühle mit hinein packen.

Solche lebendigen Rituale können mir helfen, wenn ich unsicher bin. Dann kann ich mich an ihnen festhalten wie an einem Geländer.

Übrigens: Es müssen nicht immer die gleichen, altvertrauten Rituale sein. In Kindergottesdiensten entdecken wir ganz neue: einen Tanz zur Begrüßung; beim Beten Symbole auf den Altar legen (Kerzen, Steine, Blumen ...); sich zum Segen an der Hand halten ... Der Phantasie sind keine Grenzen gesetzt.

Rituale für eine gute Nacht

Haben Sie noch Erinnerungen an Ihre einstige »Zu-Bett-geh'-Zeremonie«? Was ist Ihnen heute wichtig, wenn es Zeit wird, ins Bett zu gehen?

- Sich bewusst vom Tag verabschieden?
- Endlich Ruhe und Zeit für sich selbst haben?
- Hauptsache, alles wieder aufgeräumt und ordentlich für den nächsten Tag?

Es ist wichtig, im »Guten« einzuschlafen.
Es tut gut, sich noch mal an schöne Erlebnisse zu erinnern ... oder schlimme Erlebnisse auszusprechen. Natürlich kann das nicht erzwungen werden. Ein Lied oder eine Geschichte können dabei helfen.

Die Zu-Bett-Geh-Rituale entwickeln und verändern sich mit zunehmendem Alter der Kinder – von der Spieluhr über Geschichten Vorlesen und den Gute-Nacht-Kuss ... Was bleibt, ist das Gefühl von Geborgenheit und Vertrauen.

»Lasst die Sonne nicht über eurem Zorn untergehen« heißt es im Epheser-Brief aus der Bibel. Ein schönes Bild: Vor dem Schlafengehen ist Versöhnung angesagt, Frieden machen ... Das ist nicht nur ein gutes Rezept für Partner, sondern auch für die ganze Familie. Bei uns Erwachsenen kann noch ein wichtiger Gedanke hinzukommen: Nach einem arbeitsreichen Tag können wir ganz bewusst loslassen ...; irgendwann ist Schluss mit aktiv sein, alles bedenken, sich um dieses und jenes sorgen. Wir können ablegen, was uns beschäftigt und den Schlaf rauben könnte. Wir geben alles ab – in Gottes Hand.

Alle Ihnen lieb gewordenen und bekannten Lieder (nicht nur Schlaflieder) sind ein wertvoller Schatz für die »gute Nacht«.

Weißt du, wie viel Sternlein stehen

2. Weißt du, wie viel Mücklein spielen in der heißen Sonnenglut,
wie viel Fischlein auch sich kühlen in der hellen Wasserflut?
Gott der Herr rief sie mit Namen, dass sie all ins Leben kamen,
dass sie nun so fröhlich sind, dass sie nun so fröhlich sind.

3. Weißt du, wie viel Kinder frühe, stehn aus ihrem Bettlein auf,
dass sie ohne Sorg und Mühe fröhlich sind im Tageslauf?
Gott im Himmel hat an allen eine Lust, sein Wohlgefallen;
kennt auch dich und hat dich lieb, kennt auch dich und hat dich lieb.

Kräfte sammeln für den neuen Tag

 **Zur Ruhe kommen und Kräfte sammeln für den neuen Tag:**

Die Füße sind heute viel gelaufen, gekrabbelt, gerannt ...

jetzt sind sie müde und können Kräfte sammeln für den neuen Tag ...

Die Arme und Hände haben viel getragen, gebaut und gemalt ...

jetzt sind sie müde und können Kräfte sammeln für den neuen Tag ...

Der Mund hat viel geredet, gesungen und gelacht ...

jetzt ist er müde und kann Kräfte sammeln für den neuen Tag.

Die Augen ... die Nase ... die Ohren ... sie brauchen Ruhe und können in der

Nacht Kräfte sammeln für den neuen Tag.

... (Name des Kindes) braucht jetzt Ruhe und kann in der Nacht

Kräfte sammeln für den neuen Tag.

Die erwähnten Körperstellen werden gestreichelt, etwas massiert oder einfach zart be-
rührt. Die Worte können Sie auch sprechen, wenn sie Ihr Kind noch nicht versteht. Sie
wirken beruhigend ... und allein die Berührung spricht für sich.

Jetzt kommt die Nacht – ich bin geborgen.
Gott wird bei mir sein.
Und ich freu' mich schon auf morgen -
und schlafe fröhlich ein.

Müde bin ich, geh zur Ruh,
schließe meine Äuglein zu.
Vater, lass die Augen dein
über meinem Bettchen sein.

Alle, die mir sind verwandt,
Herr, lass ruhn in deiner Hand.
Alle Menschen groß und klein
sollen dir befohlen sein.

»Mama macht die Flüstertüte an«

Das Einschalten der Erzähllampe kann das Abendritual eröffnen. »Mama macht die Flüstertüte wieder an.« – Ein Zeichen: Jetzt wird es ruhiger, jetzt geht der Tag mit seiner Hektik langsam zu Ende; wir flüstern nur noch; jetzt kehrt Stille ein.

Anleitung:
Von einer Schultüte mit einem scharfen Messer oder Cutter Formen ausschneiden; Seidenpapier von innen ankleben, Schultüte anmalen und über eine Nachttischlampe stülpen. (Nicht zu lange brennen lassen!)

Ein Kinderbuch wird vorgelesen oder eine selbst erfundene Geschichte, die Tageserlebnisse nochmal aufgreift, wird erzählt: zum Beispiel von dem Hasen, der seine Pfote verletzt hat ... (wenn das Kind sich in den Finger geschnitten hat ...) oder so ähnlich. Schöne, liebevoll erzählte und illustrierte Bücher gibt es genug ... Unsere »Hits« zu Hause sind:

»Ich will nicht ins Bett«

Die Geschichte vom kleinen Tiger, der absolut nicht ins Bett möchte und am Abend viel lieber mit seinen Freunden spielen möchte ... diese sind aber schon beim Gute-Nacht-Lied, bei der abendlichen Wäsche oder am Einschlafen. Schließlich muss ein Buschbaby den kleinen, völlig übermüdeten Tiger nach Hause begleiten, der mitten unter dem Satz »Ich will nicht ins Bett« einschläft.

»Weißt Du eigentlich, wie lieb ich Dich hab«

Ein Hasenkind und sein Vater oder seine Mutter wetteifern darüber, wie lieb sie sich haben, bis sie schließlich bei »einmal bis zum Mond und wieder zurück, hab' ich dich lieb« einschlafen.

»Es klopft bei Wanja in der Nacht«

In dieser in wunderschönen Reimen erzählten Geschichte übernachten in einer stürmischen Winternacht ein Hase, ein Fuchs und ein Bär in einem Jägerhaus. »Sie haben wirklich diese Nacht, hier gemeinsam zugebracht ... was so ein Schneesturm alles macht« wundert sich Wanja.

»Diesen Tag, Herr,
leg' ich zurück in Deine Hände,
denn du gabst ihn mir.«

 Wie gefällt Ihnen dieser Gedanke:

Johannes Oeters

Wenn Kinder schon so groß sind, dass sie mal am Abend die Sterne beobachten können, fasziniert sie der Gedanke, dass ein kleiner Stern am großen Himmel für sie leuchtet. Die Sterne sind zuverlässig, sie sind immer da, auch wenn wir sie nicht immer sehen können – und sie haben in der Dunkelheit immer etwas Tröstliches.

Von guten Mächten wunderbar geborgen

»Mama, lass das Licht im Flur an! Und mach' die Tür nicht ganz zu!«

Nachts allein im dunklen Zimmer zu liegen, ist irgendwie unheimlich. In der Dunkelheit könnte sich ja alles mögliche verstecken und uns erschrecken. Nicht nur Kinder spüren diese Urangst. Und sie brauchen die Sicherheit: Ich bin nicht allein. Auch wenn Mama

und Papa nicht zu sehen sind – die offene Tür und das Licht im Flur halten die Verbindung zu ihnen. Ich werde beschützt.

Und da sind noch andere, die mich beschützen. Gott hat viele Helfer, und ein paar sind auch für mich da. Unsichtbar umgeben sie mich und haben auf mich acht: die Engel.

Dein Engel der Nacht

Es ist nicht wichtig, wie wir uns Engel vorstellen. (»Es müssen nicht Männer mit Flügeln sein«, heißt ein Gedicht.) Aber es tut gut, sich vorzustellen, *dass* sie da sind. Gute Mächte, von denen wir wunderbar geborgen sind. So wie es Dietrich Bonhoeffer gedichtet hat:

»Von guten Mächten wunderbar geborgen
erwarten wir getrost, was kommen mag.
Gott ist mit uns am Abend und am Morgen,
und ganz gewiss an jedem neuen Tag.«

Rituale beim Essen

Wie ist unsere Situation beim Essen?
Ist die Familie zusammen?
Ist der Tisch liebevoll gedeckt?
Ist die Essenssituation eher hektisch?
Isst jeder, wann er kommt?
Wie möchte ich es gerne haben?
Wie wichtig ist mir das, was mich nährt und mir Kraft gibt?

Essenszeiten sind wichtig.
Ernährung spielt heutzutage eine große Rolle, bei Allergien, Befindlichkeitsstörungen, bei Leistungen ...
Essen auswählen, einkaufen, ernten und zubereiten braucht viel Zeit! Schätze ich dies richtig ein? Nehme ich mir/habe ich diese Zeit? Sie ist wertvoll!
Einkaufen mit Kindern braucht Extra-Zeit!
Einkaufen ohne Kinder kann sehr wohltuend sein ... vielleicht klappt ein »Kindertausch« mit Nachbarin oder Freundin während der Einkaufszeiten nach dem Motto: Sie nimmt meine Kinder, wenn ich einkaufe, und ich nehme ihre Kinder, wenn sie einkauft.

Wir essen bewusst Nahrungsmittel:

- Sie wachsen im Garten – oder
- sie kommen vom Bauern aus dem Ort – oder
- sie haben bereits einen weiten Weg hinter sich, weil sie in einem anderen Land wachsen – oder
- sie kommen aus dem Supermarkt, weil sie von großen Firmen zubereitet oder verpackt werden
- usw.

Wenn wir bewusst essen und über das Essen sprechen, so ist das ein Schritt, sinnvoller mit Nahrung umzugehen – im weitesten Sinne wecken wir einen Blick für die Schöpfung.
Interesse für gesunde Ernährung, Informationen über gentechnisch veränderte Nahrungsmitteln, Nachdenken über Massentierhaltung und ähnliches wird den Kindern »mitgegeben«.

Der Mensch lebt nicht vom Brot allein

Die Nahrung selbst ist wichtig. Nach dem Motto: »Der Mensch lebt nicht vom Brot allein« spielt auch die Atmosphäre am Tisch und die Zeit, die wir uns für die Zubereitung und für's Essen selber nehmen, eine große Rolle. Nicht zuletzt kann auch der Blick dafür geöffnet werden, dass Menschen nichts zu essen haben und hungern. Auf diese Umstände sollte allerdings nicht dann hingewiesen, wenn das Kind am Essen »herummeckert« oder nicht aufessen will. Not kann angesprochen werden, wenn wir am gedeckten Tisch froh und dankbar sind, wenn wir etwas zum Essen und Freude an uns selber haben. Moralpredigten verderben den Appetit!

Wie wäre es, wenn wir Brotkrumen vom Tisch nicht wegwerfen, sondern für die Vögel sammeln oder Enten damit füttern?

Alle guten Gaben

Alle guten Gaben,
alles was wir haben,
kommt o Gott von Dir,
wir danken dir dafür.

(Geht etwas rockiger auch auf den Rhythmus und die Melodie von »We will rock you«
von Queen.)

Gebetswürfel am Tisch

Gebetswürfel mit Kindergebeten, gekauft oder selbstgemacht, mit Gebeten
und Formulierungen, die Sie und die
Kinder mögen.

Ein Rezept haben wir nicht!

Unsere praktischen Tipps bieten leider keine Garantie, dass es keine un-
schönen Szenen am Esstisch gibt oder die »berühmten« Dramen beim Einschlafen. Doch sie bieten die Möglichkeit, mit dem Kind immer wieder einen Anfang zu machen, die Situation beim Essen oder Zu-Bett-Gehen als das zu sehen,
was sie ist, nämlich:

- Wir ernähren und stärken uns.
- Wir kommen zur Ruhe, um Kräfte für den neuen Tag zu sammeln.

Vielleicht geben Rituale auch uns Erwachsenen so viel Kraft, Sicherheit und Vertrauen,
unschöne Situationen auszuhalten, mit Geduld zu überstehen oder aber auch zu ändern
– mit Gottes Hilfe.

Dass ein ganz normaler Tag, an dem unsere Kinder und wir abends gesund und friedlich
einschlafen, ein wertvolles Geschenk ist, wissen wir gerade dann, wenn wir Angst und
Schrecken von Krankheit und Unfällen zum Beispiel miterlebt haben.

Segen als Ritual

»Ich bin gesegnet!«

Wie geht es Ihnen mit diesem Satz? Eher ein mulmiges Gefühl? ... Oder ein gutes, stärkendes Gefühl? ... Oder steigen irgendwelche Erinnerungen an Kommunion oder Konfirmation in Ihnen auf?

»Ich bin gesegnet!«

Ich erinnere mich an meine Konfirmation. Mein Name wird genannt, ich werde persönlich angesprochen. Die Hand des Pfarrers auf meinem Kopf. Einen Moment lang gibt es nur mich und Gott. Ich bin ihm wichtig.

Oder bei der Trauung ... Eltern, Freunde segnen mit dem Pfarrer zusammen. Sie sprechen gute Wünsche für uns. Wir spüren: Da sind Menschen, die uns begleiten und bereit sind, von sich zu geben. Wir sind reich beschenkt.

In jedem Gottesdienst freue ich mich auf den Segen zum Schluss. Das Versprechen: Gott wird mit mir gehen. Aus diesem Raum, hinaus in meinen Alltag hinein. Er ist für mich da.

Mach's gut, Gott geht mit dir

Ein Segenslied, dass uns seit einem Kindergottesdienst als Floh im Ohr sitzt:

Mach's gut, Gott geht mit dir

Summen Sie mal die Melodie … sie ist ganz einfach!

»Heile, heile, Segen …« Kennen Sie diesen alten Spruch? Es ist immer noch das wirksamste Mittel, um Kindern die Schmerzen zu lindern: sie in den Arm nehmen, streicheln, dabei einen Spruch sagen, einen Vers singen. Und das ist wirklich ein Segen. Segnen heißt: Jemanden etwas Gutes tun. Schmerzen lindern, trösten, helfen, Zeit haben, zuhören, zum Lachen bringen, etwas erklären, spielen … Eltern sind zum Segnen geboren!

Segnen darf nicht nur der Pfarrer oder die Pfarrerin. Jeder Mensch darf und soll andere Menschen segnen. In der Bibel sind es oft Eltern, die ihre Kinder segnen. Meistens in Abschiedssituationen: Isaak, der vor seinem Tod seine Söhne segnet, oder Tobias, der seinem Sohn einen Segen mit auf die Reise gibt. Sie drücken damit aus: Jetzt, wo ich nicht auf dich aufpassen kann, soll Gott dich behüten. Er ist bei dir, auch wenn wir getrennt sind.

Aber auch in jeder anderen Lebenslage – ein Segen ist immer richtig. Er drückt aus, dass ich dem/der Anderen alles Gute wünsche. Und: Er ist doch mehr als ein guter Wunsch. Ein Segen ist zugleich die Bitte an Gott, dass er hilft, diese guten Wünsche auch geschehen zu lassen.

Gott segne dich

Eltern, die ihre Kinder lieben, sind ein Segen für sie, auch wenn sie es nicht aussprechen. Aber warum es eigentlich nicht auch mit Worten sagen? »Gott segne dich!« Beim Gute-Nacht-sagen, beim Abschied, am Beginn eines neuen Lebensabschnitts (Kindergarten, Schuleintritt). Und vielleicht diesen Segen auch mit einem Zeichen verbinden: einem kleinen Kreuz, das mit dem Daumen auf die Stirn gezeichnet wird, oder indem wir die Hand auf den Kopf legen. Kinder sind solchen Zeichen gegenüber viel unbefangener als wir Großen. Als wir begannen, unsere Kinder beim Gute-Nacht-Kuss so zu segnen, dauerte es nicht lange, und sie gaben uns den Segen zurück. Und so ist ein Segen daraus geworden, der hin und her fließt. Eine wunderbare Erfahrung: Schließlich sind wir Großen ja nicht weniger auf den Segen Gottes angewiesen als unsere Kinder.

Heile, heile, Segen

Heile, heile, Segen,
drei Tage Regen,
drei Tage Sonnenschein,
wird bald wieder besser sein!

Gebet mit Bewegung:

Unter dem Segensschirm

Stellen oder setzen Sie sich doch mal mit Ihrem Kind unter einen geöffneten Schirm: Es ist ein »heimeliges« Gefühl. Beschützt vor Regen oder zu viel Sonne, geborgen und gesegnet – eine schöne Vorstellungshilfe. (Übrigens: Noch eine Decke über den aufgespannten Regenschirm und Sie können mit Ihrem Kind bei einer Erkältung wunderbar und ganz ungefährlich heißen Kamillendampf inhalieren.)

Danke sagen

Kommt mir ein »Danke« leicht über die Lippen?
Wurde ich als Kind gezwungen, »Danke« zu sagen?
Für was bin ich wirklich dankbar?
Wem bin ich dankbar?
»Wer bedankt sich bei mir für all die Selbstverständlichkeiten?«

Dank gehört zum aufmerksamen und liebevollen Umgang miteinander.
Wenn wir Kindern »danke« sagen, zeigt es ihnen, dass sie wertvolle Dinge
tun und dass wir sie wahrnehmen.

Zettel mit dem Wort »Danke«, in Form kleiner Herzen oder selbstgebastel-
ter Blumen, stehen in einer kleinen Schale bereit. Sie können der Mama,
dem Papa, oder einem Kind hingelegt werden, wenn es mal schwer fällt,
das Wort »Danke« auszusprechen.

Im Danken kommt Neues ins Leben hinein

Wir haben eine selbst gestaltete Danke-Kerze, die ab und zu angezündet wird, wenn wir uns gemeinsam überlegen, für was wir alles dankbar sind ... »Im Danken kommt Neues ins Leben hinein«, heißt es in einem Kirchenlied.

Wenn »Danke«-Sagen in der Familie üblich ist, wenn Kinder erfahren, was Dankbarkeit bedeutet, wenn sie sehen, dass auch Erwachsene den Kindern dankbar sind, bekommt alles einen besonderen Wert. Dinge und Verhalten werden wertgeschätzt. Vielleicht sehen sie auch später einmal die kleinen Dinge, die ihnen den Mut zum nächsten Schritt geben:

> »Ins Wasser fällt ein Stein,
> ganz heimlich still und leise
> und ist er noch so klein,
> er zieht doch weite Kreise ...«

Wer danke sagt, der weiß, dass er nicht alles selber schaffen muss oder kann. Wir danken Gott und spüren dabei, dass so vieles – eigentlich das meiste im Leben – ein Geschenk ist.
Für das, wofür wir dankbar sind, haben wir einen anderen Blick, damit gehen wir bewusster, liebevoller um ...

Du gibst uns die Sonne

Du gibst uns die Sonne

T: Rolf Krenzer / M: Detlev Jöcker
© Menschenkinder Verlag, 48157 Münster

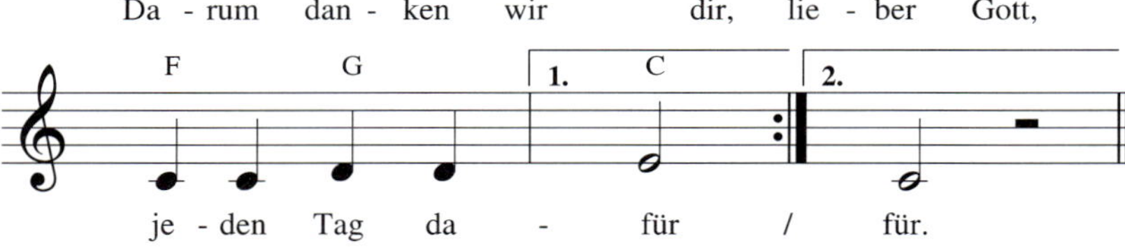

2. Du gibst Mond und Sterne.
Alles kommt von dir.
Du gibst Mond und Sterne.
Darum danken wir,
dir, lieber Gott,
dir, lieber Gott,
jeden Tag dafür.

3. Du gibst uns die Flüsse ...

4. Du gibst uns die Bäume ...

5. Du gibst uns die Blumen ...

6. Du gibst uns die Tiere ...

7. Du gibst uns die Eltern ...

8. Alles, was wir haben,
alles kommt von dir.
Alles, was wir haben.
Darum danken wir,
dir, lieber Gott,
dir, lieber Gott,
jeden Tag dafür.

Weitere mögliche Strophen:

Du gibst uns die Früchte.
... die Vögel.
... die Fische.
(Die Eltern singen:)
... die Kinder.

Beten mit Kindern

Gebete können sehr verschieden aussehen ...

... gesprochen, gesungen und getanzt. Es können frei formulierte Gebete mit einfachen Worten sein oder aber Verse, die uns vertraut sind oder werden. Sogar der Freudenjuchzer bei schönem Wetter in der Natur oder der Stoßseufzer im Alltagseinerlei gehören dazu.

Heute kennen häufig Familien keine überlieferten Traditionen für das Beten. Tischgebete und Gute-Nacht-Gebete sind nicht mehr unbedingt überall üblich.

Wo Kinder und Erwachsene beten, weil es ihnen gut tut – egal ob aus Gewohnheit oder wieder neu entdeckt -, wird das Beten wieder wertvoll.

Wir sind nicht alleine

Im Familienalltag gerade mit kleinen Kindern gibt es genug Anlässe zu großer Freude und auch Sorge. Es tut gut, damit nicht alleine zu sein.
Wir können alles vor Gott bringen.
Auch die Kinder können schon sehr früh Gott als einen »Gesprächspartner« erfahren. Gott kann sie so in ihrem Leben begleiten und stärken.

Keine Garantie auf Wunscherfüllung

Gebete sind keine Garantie auf Wunscherfüllung. Gott nimmt uns unsere Verantwortung für das eigene Wohlergehen und das Mitsorgen für andere Menschen nicht ab. Wir als Eltern können die Erfahrung machen, dass Beten mit Kindern auch uns Erwachsenen die Chance bietet, die eigene Beziehung zu Gott zu klären und zu vertiefen.

Sie können mit einfachen Methoden (Ideen siehe unten) verschiedene Themen, die Sie und Ihre Familie oder Ihre Kinder beschäftigen, aufgreifen und zur Sprache bringen. *Wichtig* dabei ist: Alles was ein Kind in solch einem Moment sagt, bleibt auch so stehen; es wird nicht vom Erwachsenen korrigiert oder zurückgenommen. Es gibt kein richtiges oder falsches »Bitten« und »Danken«:

- Vom abendlichen Wunsch für ein neues Spielzeug oder dem eigenen Haustier bis hin zur Für-Bitte für andere Menschen.
- Vom Satz »Lieber Gott, mach dieses ..., tu jenes ...!« bis hin zu »Guter Gott, dein Wille geschehe.«

Manchmal wird unser Gebet auch eine laute Klage sein. Wenn Kindern und Erwachsenen Unrecht geschieht, schlimme Krankheiten auftreten oder ein Unglück passiert.

Es ist auch gut, wenn wir unsere Trauer und Wut vor Gott bringen. – Vielleicht trägt dies dazu bei, dass nach vielen Tränen unser Blick wieder klar wird, wir Trost erfahren und sich neue Wege öffnen.

Guter Gott ...

Frei formulierte Gebete mit einfachen Worten:

Guter Gott,
heute war ein schöner Tag.
Wir waren zusammen und
haben viel gelacht.
Danke.
Amen.

Lieber Vater im Himmel,
Opa ist so krank.
Ich bitte Dich,
dass er keine Schmerzen hat
und bald wieder
aus dem Krankenhaus nach
Hause kommt.
Amen.

Verse:

Jedes Tierlein hat sein Essen.
Jedes Blümlein trinkt von dir.
Hast auch unser nicht vergessen.
Lieber Gott, wir danken dir.
Amen.

Wo ich gehe, wo ich stehe,
guter Gott, bist Du bei mir.
Wenn ich dich auch niemals sehe,
weiß ich dennoch, du bist hier.
Amen.

Für uns Erwachsene:

»Lass mich nicht zu viel für mich bitten,
so lange ich noch Schuhe an meinen Füßen habe.«

Afrikanisches Gebet

(Das ist nicht moralisierend gemeint, sondern als Bereicherung:
Ausdruck von Dankbarkeit und Lebensfreude, die uns beflügeln.)

Ich falte meine Hände ...

Ich falte meine Hände

T: Rolf Krenzer / M: Detlev Jöcker
© Menschenkinder Verlag, 48157 Münster

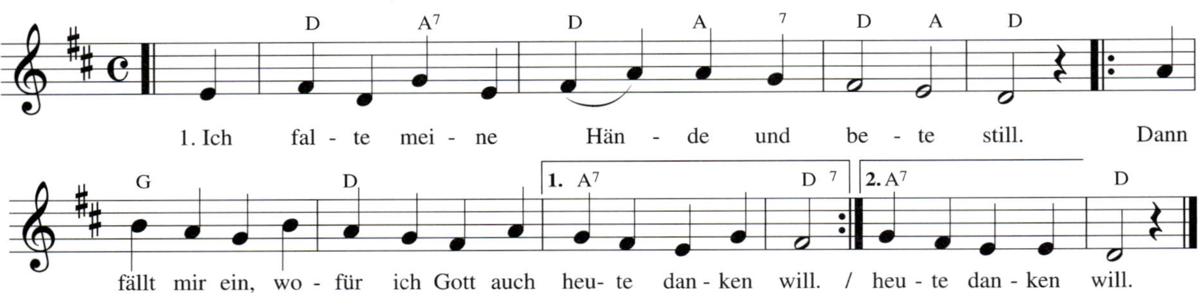

> **»Ich falte meine Hände und bete still.**
> **Dann fällt mir ein, wofür ich Gott auch heute danken will.«**

Diese Liedzeile gesungen und eine Bitte oder einen Dank dazwischen gesprochen, ist eine schönes und wohltuendes Ritual vor dem Einschlafen ...

> **»Ich falte meine Hände und bete still.**
> **Dann fällt mir ein, wofür ich Gott auch heute bitten will.«**

Es tut gut, einen Tag oder eine Woche noch einmal zu bedenken: Eine Kerze wird angezündet und jede und jeder in der Familie sagt, was schön war und wofür wir »danke« sagen ... Oder wir sprechen dabei aus, was uns Kummer bereitet hat ... Eine Schwimmkerze wird in einem entsprechenden Behälter auf die Reise geschickt, mit einem guten Wunsch für andere Menschen, an die wir denken ...

 Manche Kinder lieben es auch, sich vor das Bett zu knien ... Warum nicht?

In einigen Kindergärten gibt es einen festen Platz mit einem kleinen Tischchen als Altar. Auf ihm liegen verschiedene Glaubenssymbole – eine Kerze, das Kreuz, ein Rosenkranz, eine Kinderbibel. Kinder können diesen besonderen Ort alleine aufsuchen, oder aber den Altar in die Mitte rücken, wenn eine Geschichte aus der Bibel erzählt oder ein Gottesdienst im Gruppenraum gefeiert wird. Eine schöne Idee.

Ein Altar kann sehr unterschiedlich aussehen.

Vater unser

Ein großes und langes Gebet mit schwierigen Worten und Inhalten:
... Vielleicht mussten Sie es als Kind auswendig lernen oder haben es einfach »mitgeplappert« ...
... Vielleicht haben einzelne Abschnitte eine besondere Bedeutung durch persönliche Erlebnisse gewonnen:

... dein Wille geschehe ...

... vergib uns unsere Schuld ...

... und die Herrlichkeit in Ewigkeit ...

Es ist das Gebet,

- das Jesus uns selbst gegeben hat,
- das wir immer beten können, auch wenn wir keine Worte mehr haben,
- das uns abends zur Ruhe bringen kann, wenn wir im Bett liegen und zu müde sind, um noch irgendwas zu bedenken oder zu reflektieren.

Ein Gebet, das unserem Kind vertraut werden kann,

- wenn es das Gebet hört – im Gottesdienst oder zu Hause,
- wenn es bei uns spürt, dass es uns wichtig ist.

Vater unser im Himmel.
Geheiligt werde dein Name.
Dein Reich komme.
Dein Wille geschehe, wie im Himmel,
so auf Erden.
Unser tägliches Brot gib uns heute,
und vergib uns unsere Schuld,
wie auch wir vergeben unsern Schuldigern.
Und führe uns nicht in Versuchung,
sondern erlöse uns von dem Bösen.
Denn dein ist das Reich und die Kraft
und die Herrlichkeit in Ewigkeit.
Amen.

Persönliches Gebetbüchlein

 **Selbstgemachtes Gebetbüchlein**

Gebete aus Kinderbüchern können aufgeschrieben werden, dazu ein Foto vom Urlaub oder einem anderen passenden Erlebnis ...

Gebete, die wir selbst erfinden, können notiert und mit einem Kinder»gemälde« oder Gemeinschaftsbild versehen werden ...

So entsteht langsam eine kleine Sammlung lieb gewordener Gebete und Erinnerungen.

Rituale an besonderen Tagen

Geburtstag

Wir freuen uns gemeinsam, dass unser Kind geboren wurde, dass es wächst und gedeiht, dass es ein Jahr älter geworden ist und sich immer mehr zu einer eigenen Persönlichkeit entwickelt. Dies ist wichtiger als viele und teure Geschenke: Wir können durch gemeinsames Tun, mit liebevollen Ritualen und vor allem mit Zeit für das Geburtstagskind einen unvergesslichen Tag haben.

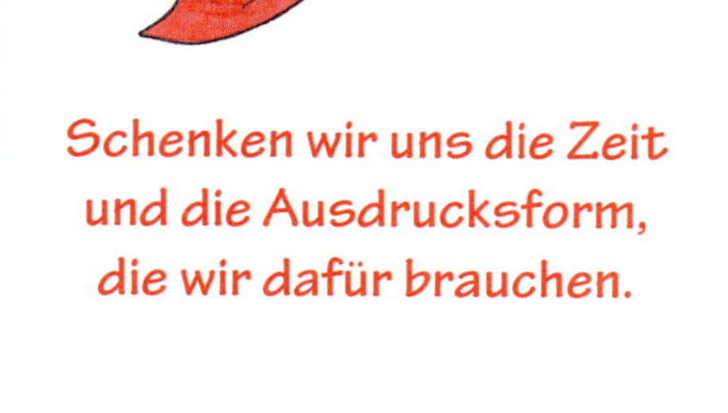

Feierlich werden die Kerzen auf dem Geburtstagskuchen angezündet ... Spätestens ab dem 3. Geburtstag zählen die Kinder mit und freuen sich jedes Jahr über die eine Kerze mehr ...

Wir gratulieren ... so richtig! ... mit einem Händedruck oder einer Umarmung, mit einem guten Wunsch oder einem Segensspruch – und natürlich können wir dabei auch unser Geschenk überreichen.

Ab dem Kindergartenalter haben wir begonnen, unseren Kindern zu erzählen, was in der Schwangerschaft, am Tag der Geburt, im Krankenhaus oder zu Hause, bei ihnen jeweils Besonderes geschah.

So hat unser Jüngster, der im Juni geboren ist, die Mohnblume kurzer Hand zu seiner Blume – der Thomas-Blume – erklärt, weil wir ihm erzählt haben, dass auf der Fahrt ins Krankenhaus überall wunderschöne Mohnblumen geblüht haben. Immer wenn wir Mohnblumen mit ihrem kräftigen Rot sehen, denken wir gern an diesen Geburts-Tag zurück.

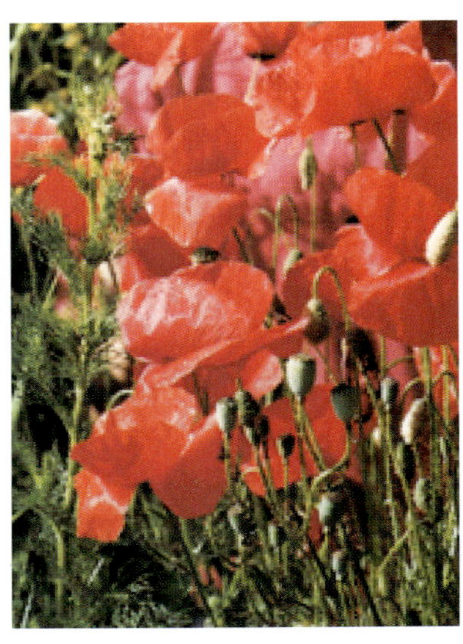

Unser Ältester weiß genau, dass er beim ersten Wickeln mit seinem »Wasserstrahl« in hohem Bogen genau in die Schürzentasche der Hebamme getroffen hat ...
Und unsere »mittlere« Tochter findet es herrlich, dass ihr »großer« Bruder (damals 1 1/4 Jahre), sie nach der Geburt für ein Kätzchen gehalten hat, weil sie so lustige Laute von sich gab ...

So kennen die Kinder schon viele Geschichten um ihre Geburt – und sie lieben sie und wollen sie immer wieder hören. Es ist auch für uns Eltern schön, uns zu erinnern und unsere große Freude und Aufregung von damals zu spüren und den Kindern weiterzugeben.

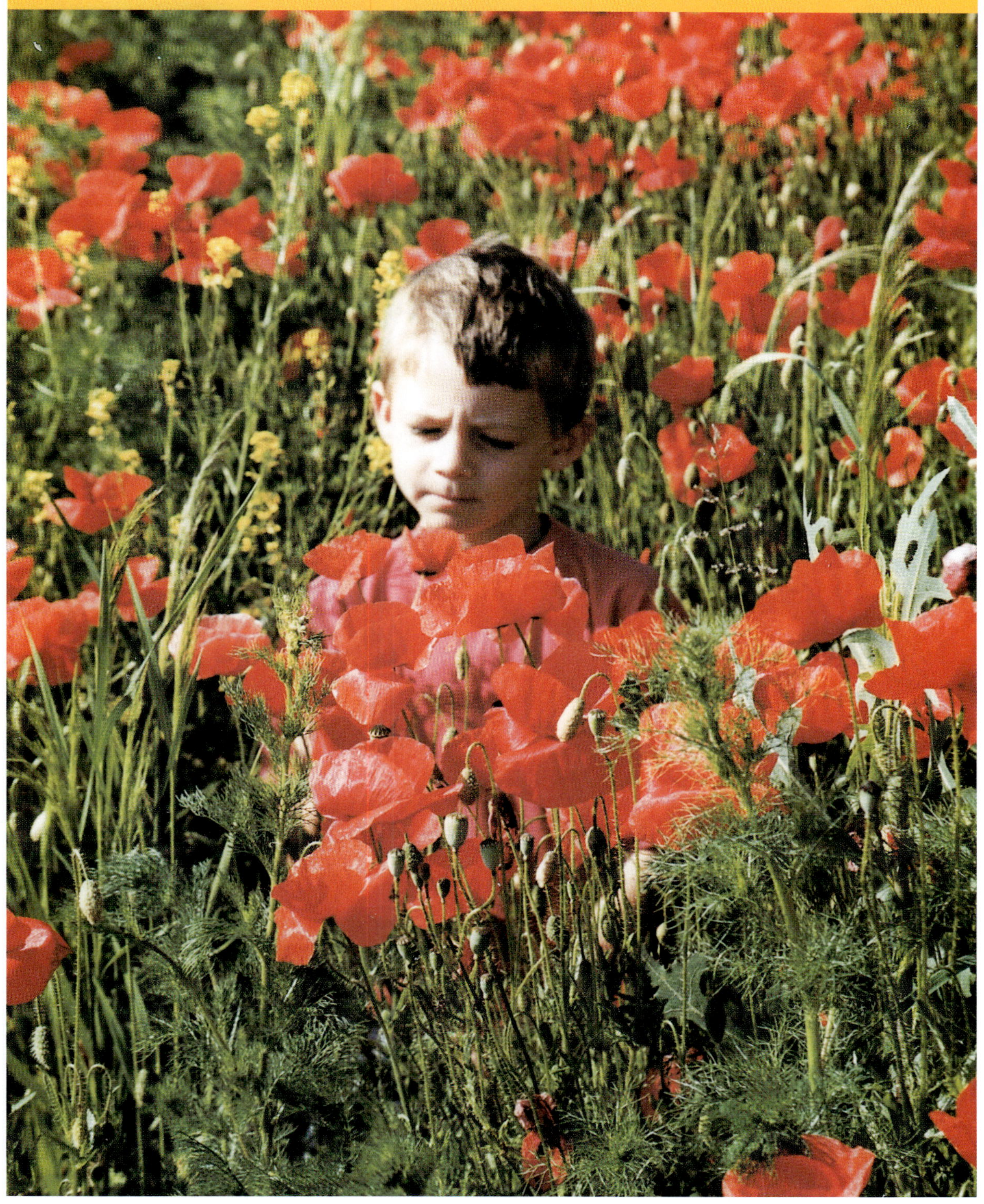

Viel Glück und viel Segen

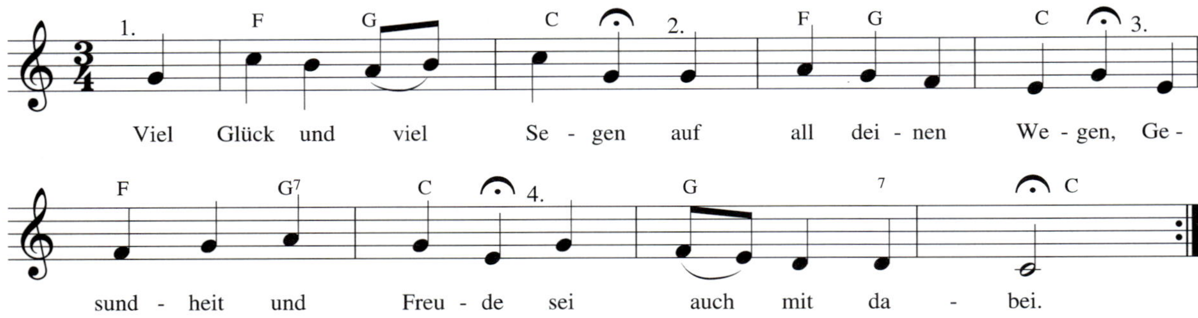

Wie gefällt Ihnen diese Idee: Sie sammeln das Jahr über gelungene Fotos von verschiedenen Situationen und Begebenheiten und übergeben am Geburtstag dieses Erinnerungspäckchen ... Zu den Fotos können nun noch Geschichten erzählt oder »Weißt-du-noch ...?«-Fragen gestellt werden. Und die Kinder sehen, wie sie sich im Laufe des Jahres verändert haben ...

So entsteht eine schöne Sammlung von Erinnerungen ... Als Erwachsene können unsere Kinder hoffentlich auf eine bunte, aufregende und segensreiche Kindheit zurückblicken.

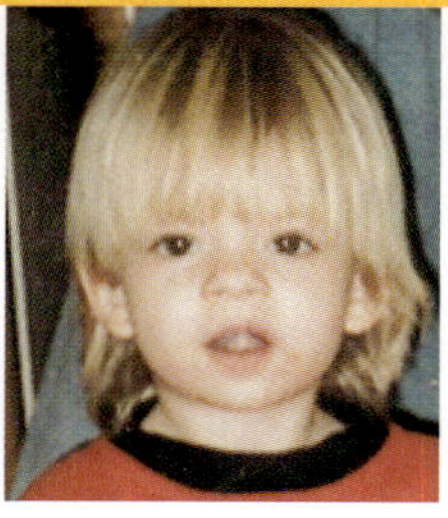

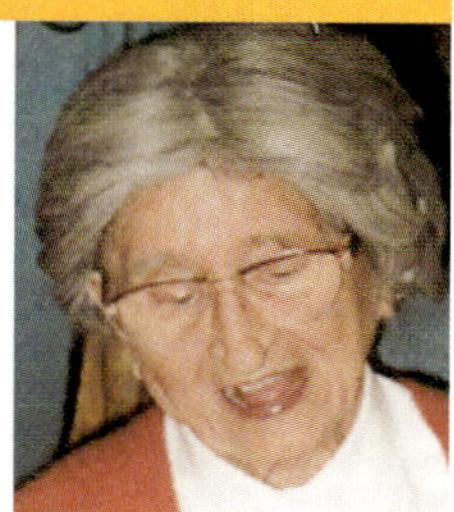

Öffnen Sie Ihren Kindern
den Blick für die Generationen.

Sagen Sie Ihren Kindern, dass auch Mama und Papa mal ganz klein waren ... Zeigen Sie
Ihren Kindern Ihre Kinderfotos ...

Machen Sie nicht mit, wenn es darum geht, dass Kindergeburtstags-Feste immer bunter und immer toller werden! Weniger ist oft mehr!

Bei Kindergeburtstagen fällt es manchmal auf, dass die Kinder gar nicht recht wissen, wie sie gratulieren, ein Geschenk überreichen bzw. entgegennehmen sollen. Das lässt sich wirklich gut in kleinen Rollenspielen üben.

Manchmal wissen die Kinder am Abend gar nicht mehr, von wem welches Geschenk kam. Da hilft auch: Weniger ist mehr! Und: Bewusstes Schenken! – Zum Beispiel muss das Geburtstagskind die Augen schließen und einer von den Gästen (Kinder oder Erwachsener) sagt: »Alles Gute zum Geburtstag« und überreicht sein Geschenk. Das Geburtstagskind muss nun raten, wer gratuliert hat und packt anschließend das Geschenk aus und bedankt sich dafür. Erfinden Sie Ihre kleine Zeremonie!

Besuch am Geburtstag ist etwas Wunderbares. – Nur vergessen Sie dabei das Geburtstagskind nicht. Oma, Opa, Tante und Onkel kommen; die Mama hat viel Arbeit und das Geburtstagskind soll schön artig sein ... Da kommt wenig Freude auf.

Suchen Sie sich vor allem Entlastung für diesen Tag, damit Sie Zeit für Ihr Kind haben. Wer plant den Tag mit? Wer hilft beim Kuchenbacken oder Abspülen. – Oder: Wollen wir dieses Jahr lieber einen Ausflug mit der Familie machen?

Und zur Erinnerung und Stärkung: Das schönste Geschenk – ein Geschenk des Himmels – haben Sie bekommen – Ihr Kind!

Namenstag

- Wie sind Sie denn auf den Namen Ihres Kindes gekommen?
- Was bedeutet er?
- Was verbinden Sie mit diesem Namen?

Das sind Gedanken, die Sie sicherlich in einfachen Worten und mit zunehmendem Alter deutlicher Ihren Kindern erklären können ...

Der Name kann gesungen werden ...
Es gibt vielleicht eine Geschichte von diesem Namen ...
Wussten Sie, dass es zum Beispiel einen Elisabeth-Tag gibt?
Vielleicht besorgen Sie sich ein Buch mit so genannten Heiligen-Legenden?
Wissen Ihre Kinder die Vornamen von Mama, Papa, Oma, Opa, Tante, Onkel ...?

Wie viele Kinder oder Erwachsene kennen wir denn noch mit unserem/diesem Namen? Was wissen wir von ihnen?

Machen Sie sich doch mal auf Entdeckungsreise ...
Und am Namenstag werden diese Geschichten in einer gemütlichen Runde erzählt!

Vielleicht ist der Namenstag auch der Anlass, dem Kind große Holzbuchstaben, aus denen sein Name besteht, zu schenken ...

Tauftag

Die Patin und / oder der Pate Ihres Kindes stehen nicht nur auf dem Papier! Sie sind hoffentlich liebe Freunde der Familie und können auch am Tauftag eine besondere Rolle spielen. Vielleicht kommen sie zu Besuch oder schicken eine Karte. Fotos von der Taufe können angeschaut werden ... Wie heißt denn die Kirche, in der Ihr Kind getauft wurde? Wollen Sie nicht den Taufstein noch einmal anschauen? Wo ist denn das Taufkleid jetzt? Wir zünden die Taufkerze an und singen zusammen ein Lied:

Ich bin getauft

T/M: Hanna Schernau / © Verlag E. Kaufmann, Lahr

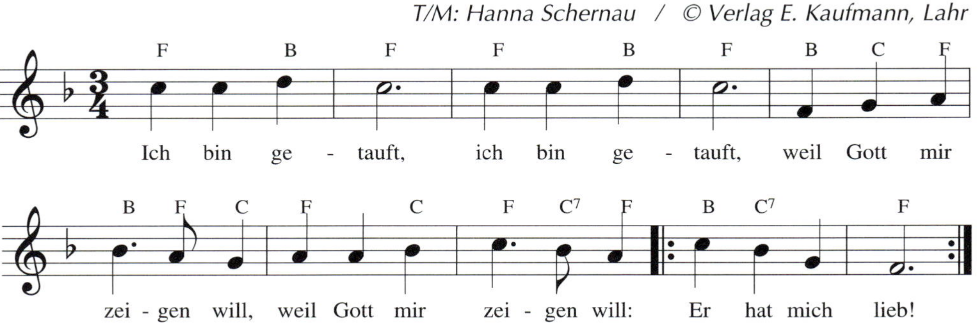

2. Du bist getauft./Du bist getauft./Weil Gott dir zeigen will:/Er hat dich lieb!
3. Wir sind getauft. / Wir sind getauft. / Weil Gott uns zeigen will, / weil Gott uns zeigen will: / Er hat uns lieb!

Vielleicht haben Sie schon einmal eine Tauferinnerung in einer Osternacht miterlebt. Hier können wir Erwachsene uns die Bedeutung der Taufe bewusst machen: Ich habe durch meine Taufe eine ganz persönlich Berührung mit Jesus und seiner Geschichte.

Vielleicht suchen Sie auch den Kontakt zur Kirchengemeinde und möchten anlässlich des Tauftages die Pfarrerin, den Pfarrer oder andere Mitarbeiterinnen anrufen oder einladen (oder sich einladen) zu einer Tauferinnerung? Lesen Sie doch noch einmal im ersten Kapitel dieses Buches die wunderschönen Symbole der Taufe nach und lassen sich von diesen Gedanken stärken und tragen.

Ankunft einer Schwester oder eines Bruders

Ein neuer Lebensabschnitt beginnt, wenn sich eine Schwester oder ein Bruder ankündigt. Natürlich laufen die Vorbereitungen schon mit wachsendem Bauch und neuer Kinderzimmereinrichtung Wochen vorher. Doch auf den Tag, an dem das »neue Baby« ins Haus kommt, könnten wir uns doch auch vorbereiten: eine selbstgemachte Girlande über die Tür, Blumen auf den Tisch, ein Fototermin.

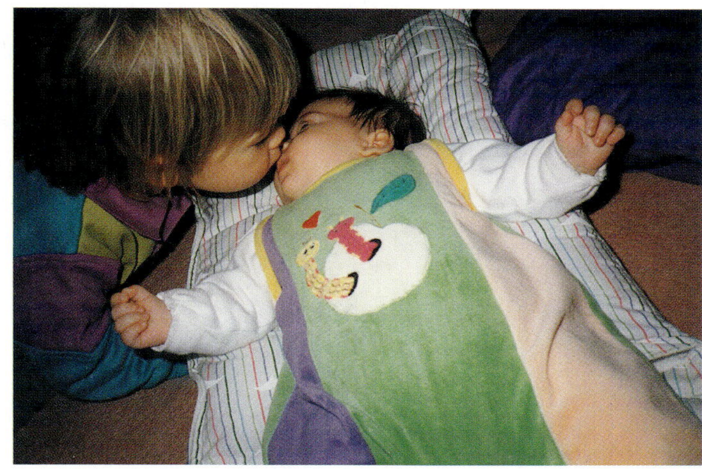

Erzählen Sie dem Kind, wie schön alles vorbereitet war, als es selbst auf die Welt kam: Wo ist denn der Kinderwagen? Wir holen ihn gemeinsam vom Dachboden. Er ist jetzt viel zu klein ... »Wie groß Du schon bist ...« Der Kinderwagen wird jetzt vom neuen Baby gebraucht ...

Wenn die »großen« Kinder schon bei den Vorbereitungen mit einbezogen werden, etwas von der Vorfreude erleben und auch schon gespannt auf die Ankunft des kleinen Babys warten, können sie vielleicht auch besser mit der Situation und den Gefühlen umgehen, die dann auf sie einstürmen:

- Wenn das Baby endlich da ist und alles ganz aufregend und turbulent ist.
- Wenn das Baby vielleicht krank ist und lange nicht nach Hause kann.
- Wenn die Eltern traurig sind, weil das Baby nicht gesund ist.

Das Kind erlebt eine Zeit mit sehr intensiven Gefühlen und Ereignissen. Denken Sie daran, es kommt nicht nur ein »Konkurrent« für unser erstes Kind zur Welt – es kommt vor allem ein Kind, das unserem oder unserer »Großen« viel, viel Liebe und Bewunderung entgegenbringt.

Und: Große Kinder können bei der Versorgung der Babys schon mehr mithelfen, als ihnen manche Mütter und Väter zutrauen.

Gerade hier stoßen sie bestimmt auf viele Situationen, in denen ab und zu ein Gebet gut tut: dass alles gut wird in unserer Familie, dass wir zusammen halten, Geduld und Freude haben und miteinander wachsen.

Das Kindermutmachlied von Seite 37 könnten wir auch für unser neues Baby singen!

Ein ganz liebes Buch zum Thema Geschwister: »Ich will auch Geschwister haben« von Astrid Lindgren.

Erster Kindergartentag

Den ersten Kindergartentag haben manche Eltern in schlechter Erinnerung: das Kind weinend auf dem Arm der Erzieherin, die Mutter wird freundlich hinausgeschickt ... ein schwerer Abschied – für das Kind und für die Mutter oder den Vater.
Ein Schmusetuch oder ein Kuscheltier sind vielleicht wichtige Seelentröster und Begleiter in den ersten Kindergartentagen ...
Sie geben das Gefühl: Ich habe etwas Vertrautes dabei, ich bin nicht alleine ... Ein ähnliches Gefühl haben manche Menschen, wenn sie ein Kettchen mit einem Kreuz umhängen haben: Gott lässt mich nicht allein ...

Die Kindergartentasche ist die erste eigene Tasche. Sie kann am ersten Kindergartentag feierlich überreicht werden. Sie ist auch ein Zeichen dafür, dass der erste eigene Weg des Kindes beginnt.
Vielleicht singen Sie auf dem Weg in den Kindergarten ein Lied, das Mut macht. Zum Beispiel »Fröhlich gehe ich ...«. Dichten Sie eine Strophe mit dem Namen Ihres Kindes für den Kindergarten. Und mittags erfahren Sie: Wir haben es geschafft!

Guter Gott, dankeschön

Nach der Pfälzer Kindermesse
Neue Strophen: Rolf Krenzer

2. Lieber Gott, dankeschön!
    Wenn wir zu der Schule gehn,
    geh du bitte Schritt für Schritt
    mit uns allen mit.
    Fröhlich gehe ich ...

3. Lieber Gott, dankeschön!
    Wenn wir jetzt zum Spielen gehn,
    bleib bei uns und gehe mit,
    daß uns nichts geschieht.
    Fröhlich gehe ich ...

4   Guter Gott, dankeschön!
    Wenn wir abends schlafengehn,
    gib im Schlaf noch auf uns acht
    in der dunklen Nacht.
    Fröhlich gehe ich ...

Erster Schultag

Ein sehr beliebter Brauch für den ersten Schultag ist die Schultüte, die den Schulstart versüßen soll ...
Schön ist, wenn der erste Schultag nicht in der Schule, sondern in der Kirche beginnt: Wir fangen mit Gott an. Und es ist auch gut, dass wir uns noch einmal auf das besinnen, worauf es ankommt: auf den Menschen, auf unsere Kinder, auf eine gute Gemeinschaft ...
Die Schule wird viel Zeit und Kraft kosten.
Beginnen wir sie mit dem Segen Gottes.

Auch ein kleiner »Begleiter« (kleines Kuscheltier, Anhänger oder ähnliches) kann helfen, wenn der Ernst des Lebens beginnt. Übrigens »Ernst des Lebens« heißt auch ein liebevoll gestaltetes Buch für den Schulanfang. Ein Mädchen, das ständig vor dem »Ernst des Lebens«, der am Schulanfang kommt, gewarnt wird, bringt ihn eines Tages tatsächlich mit nach Hause ... Ernst heißt nämlich der nette Junge, der in der 1. Klasse neben ihr sitzt.

Der Abschied von der Kindergartenzeit und der Eintritt in die Schulzeit sind sehr wichtig – für Kinder und Eltern. Es ist gar nicht so einfach, dass unsere Kleinen jetzt schon so groß sind ... Die Balance zwischen Selbständigkeit und Überforderung lässt sich gut halten, wenn wir einfach Zeit für unsere Kinder haben, Interesse für ihre Erlebnisse zeigen, Lust auf gemeinsame Unternehmungen und auch eine gewisse Gelassenheit und Gottvertrauen an den Tag legen.

In jeder Familie wird es Tage geben, die eine besondere Bedeutung haben:
Vielleicht feiern Sie Ihren Hochzeitstag ganz besonders?
Manchmal ist es auch der Todestag eines Familienmitglieds, der alle Verwandten und Freunde zusammenruft.
Welche Tage Sie wie gestalten, liegt ganz bei Ihnen ...
Was ist Ihnen wichtig? Wie können Sie dies ausdrücken?
Wir wünschen Ihnen:

Auch die Zahnlücke ist ein Zeichen: Jetzt bist du schon groß geworden.

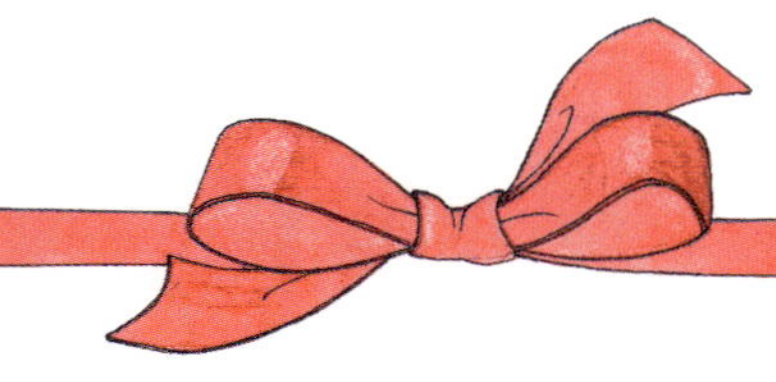

Mit Kindern die Welt erobern

»Da berühren sich
Himmel und Erde.«

Sinneserfahrungen

Dieses Kapitel müssten eigentlich unsere Kinder für uns Erwachsene schreiben. Denn niemand erlebt und entdeckt die Welt mit allen Sinnen so intensiv wie Säuglinge und kleine Kinder. Wir Erwachsene müssen manchmal erst wieder mühsam lernen, nicht nur mit dem Verstand, also dem Kopf, durchs Leben zu gehen. *Ganzheitlich zu leben* heißt dieser neue Lebensstil. Er kommt in der Pädagogik, in der Medizin und in der Religion immer öfter vor.

Kinder sammeln ihre Erfahrungen mit dem ganzen Körper: ... mit Augen und Ohren, mit Mund und Nase, mit den Händen und der Haut ...
Sie brauchen also viele Gelegenheiten zum Bewegen, Tasten, Sehen, Hören, Riechen und Schmecken. Das ist der beste Weg zu einer gesunden körperlichen, geistigen und seelischen Entwicklung. Wer alle seine Sinne beieinander hat, ist wach und neugierig und damit aufnahme- und lernfähig, sensibel nach innen und nach außen.

Kinder tasten sich voran und wollen be-greifen

Tasten und Fühlen können wir mit Fingern und Händen, mit den Füßen oder mit dem ganzen Körper. Der Tastsinn ist ein wichtiger Motor für die Entwicklung von Kindern: »Be-greifen« kommt von »greifen«. Das Baby macht seine Erfahrungen mit der Umgebung, indem es nach den Dingen greift und sie festhält. So ergreift ein Kind Besitz von der Welt, so tastet es sich an all das Neue heran. Der Tastsinn gilt als der elementarste Sinn überhaupt.

Dies gilt sicherlich auch im religiösen Bereich ... Wir tasten uns langsam in unserem Glauben an Gott voran.

Darum ist es hilfreich, die vielen wunderbaren Bilder aus der Bibel und aus religiösen Liedern nicht nur zu erklären, sondern gemeinsam zu spüren, umzusetzen, zu tun, zu be-greifen.

Wie ein Vogel im Nest

»Wie ein Vogel im Nest, so sind wir bei dir ...«

Schon mal die weichen Federn im Vogelnest gespürt? ...

... aus unseren Kopfkissen und Zudecken ein großes Nest gebaut und eingekuschelt? ...

... einen Vogel gespielt, der flügge wird und immer wieder ins sichere Nest auf Mamas Schoß zurückkehrt und von da einen neuen Versuch startet?

»... so sind wir bei Dir, bei Dir im Nest ...«

**Bei Gott
sind wir geborgen,
wie ein Vogel im Nest.**

Ein Korn, das aufgeht und wächst

Schon mal ein Weizenkorn oder einen Bohnen- oder Kürbissamen eingepflanzt und das Wachstum beobachtet?

... selbst ein Korn gespielt, das erst zusammengerollt und starr auf dem Boden liegt, sich langsam räkelt und nach oben wächst, bis es die Triebe (Arme) weit in den Himmel streckt?

»... so wird er gesegnet sein, ja, so wird er gesegnet sein.«

**Wir wachsen und gedeihen
wie die Pflanzen.
Gott gibt uns dazu, was wir brauchen.**

Gottes Liebe ist wie die Sonne

»Gottes Liebe ist wie die Sonne ...«

Schon mal bei herrlichem Sonnenschein die Augen geschlossen und die Wärme im Gesicht oder am ganzen Körper bewusst gespürt?

... die Sonne beobachtet, wie sie immer wieder zwischen den Wolken herauskommt und es hell macht? ,,,

... den Sonnenaufgang vom ersten Funken bis zum ganzen Glanz beobachtet – und hinterher vielleicht gemalt? ...

... sich am Abend von der Sonne verabschiedet mit der Gewissheit und dem Trost, dass sie am nächsten Morgen wiederkommt? ...

»... sie ist immer und überall da!«

Gott wird uns immer wieder Licht und Wärme für unser Leben geben.

Wenn Sie selbst ein behindertes Kind haben oder ein solches Kind gut kennen, dann wissen Sie um die besondere Bedeutung des Begreifens und der Sinneserfahrungen. Dass blinde Menschen besonders gut hören und oft mit ihren Händen »sehen« können, ist bekannt. Manchen behinderten Menschen wird auch ein »siebter Sinn« – zum Beispiel ein ganz besonderes Einfühlungsvermögen – zugeschrieben. Manche haben einen ausgeprägten Wunsch nach Harmonie und machen dies auch nachdrücklich deutlich. So kann es sein, dass Kinder mit »unsichtbaren Antennen« die Atmosphäre auffangen, einen Zugang zu Situationen in der Familie, bei Besuchen, bei Ausflügen u.ä. haben, der uns Erwachsenen verborgen bleibt. Hier können wir Erwachsene die Lernenden sein.
Vielleicht ist das *auch* gemeint, wenn Jesus sagt

»Wenn Ihr nicht werdet wie die Kinder ...«
(Matthäus 18, Vers 3)

»Sinnliche« Bibelverse
für Erwachsene

Wie wohltuend, wie schön,
wenn Geschwister beieinander bleiben
und sich gut verstehen.
Das ist wie das gute, duftende Öl
aufs Haar des Priesters Aaron gegossen,
das hinunterrinnt in seinen Bart
bis zum Halssaum seines Gewandes. (...)
So will der Herr Segen schenken.

Psalm 133, 2/3

Still und ruhig ist mein Herz
so wie ein sattes Kind im Arm der Mutter
still wie ein solches Kind bin ich geworden?

Psalm 131,1

... und Gott wird abwischen
alle Tränen von ihren Augen.

Offenbarung 21, 4

Ich zerfließe wie ausgeschüttetes Wasser,
meine Knochen fallen mir auseinander.
Mein Herz zerschmilzt in mir wie Wachs.
Meine Kehle ist ausgedörrt,
die Zunge klebt mir am Gaumen (...)
Bleib nicht fern von mir, Herr.
Du bist mein Retter, komm und hilf mir!

Psalm 22, 15 + 16 + 20

Schmeckt und seht, wie
freundlich Gott ist.
Wohl dem, der ihm vertraut.

Psalm 34, 9

Unser Körper ist etwas Wunderbares: das Zusammenspiel der verschiedenen Organe und Glieder, die Geburt und das Wachsen, die Erfahrungen mit allen Sinnen und mit dem Verstand ...

»Tu deinem Leib etwas Gutes, damit deine Seele Lust hat, darin zu wohnen«, schrieb Theresa von Avila.

All die praktischen Tipps in diesem Buch, die (Glaubens-)Welt mit allen Sinnen zu erfahren, dienen dazu, uns und unseren Kindern etwas Gutes zu tun. Über unsere Kinder haben auch wir Erwachsenen wieder die Chance, uns etwas Gutes zu tun.

»Fühlen – Hören – Riechen – Schmecken und Sehen, wie freundlich der Herr ist.«

Eine Kuschelecke, eine kleine Trauminsel oder eine Wohlfühldecke bieten einen bequemen Platz, um uns etwas Gutes zu tun:

Wie wäre es mit einer Massage ... Es muss keine professionelle Massage sein ... Lassen Sie Ihre Finger und Hände auf Wanderschaft und Entdeckungsreise gehen ...: über die Kleider oder mit Creme oder Massageöl (für Kinder geeignet) auf der Haut. Vielleicht begleiten Sie dabei einige Worte ... Wie wäre es mit dem Ameisenspiel ...

Das Ameisenspiel: Dich hat Gott sich ausgedacht

(Christiane Dusza)

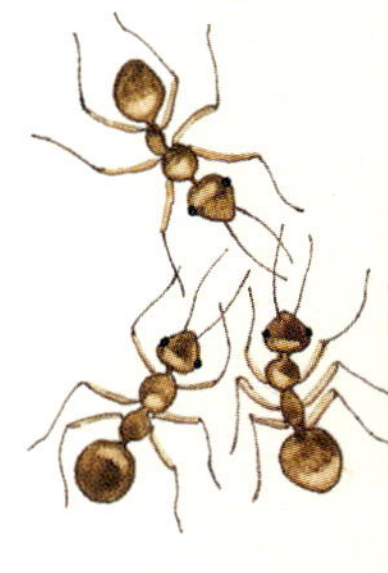
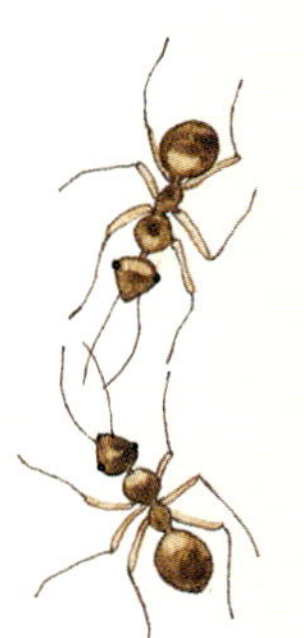

(Mit den Fingern über den Arm des Kindes krabbeln)

Die Ameisen kommen.
Sie krabbeln über deinen Arm und rufen:

Dieser Arm ist gut gemacht,
den hat Gott sich ausgedacht.

(Die Ameisen»finger« krabbeln übers Bein)
Jetzt erforschen sie dein Bein und rufen:

Dieses Bein ist gut gemacht,
das hat Gott sich ausgedacht.

(Über die Nase tanzen)
Sie möchten auf einer Nase tanzen und
jubeln:

Diese Nase ist gut gemacht,
die hat Gott sich ausgedacht.

(Weitere Vorschläge: Die »Ameisen« möchten einen Bauch kitzeln, einen Po kneifen ...)

(Zuletzt:)
Sie möchten ein Herz hören.
(Leise auf die Brust klopfen)

Dieses Herz ist gut gemacht,
das hat Gott sich ausgedacht.

Sie können aber auch je nach Jahreszeit »Pizza oder Plätzchen auf dem Rücken der Kinder backen«. Von den Schultern bis zum Po wird kräftig geknetet und wenn »der Teig« ausgerollt ist und alle Zutaten durch Klopfen, Drücken und Streichen gut »verteilt« wurden, kommt die Wärme für das Backrohr: Beide Händen kräftig aneinander reiben und dann auf dem Rücken ablegen. Es ist erstaunlich, wie intensiv dies erlebt wird. – Und dann dürfen natürlich die Kinder bei den Erwachsenen ans Werk gehen.

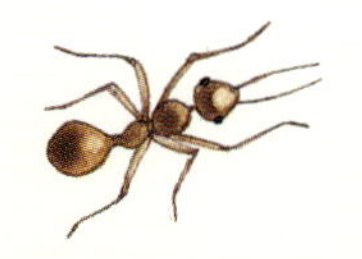

Wie wäre es damit, sich einzukuscheln und eine besondere Musik zu hören. Es gibt auch schöne klassische Musik, die Kinder anspricht; und es ist manchmal erstaunlich, wie Kinder ruhige Meditationsmusik mögen. Auch CDs, die es zur Begleitung von Phantasiereisen gibt, sind gut geeignet (siehe Anhang: Seite 197).
Eine Klangschale bietet auch ein besonderes Hör-Erlebnis (dazu mehr im nächsten Kapitel »Stille«).

Wie wäre es mit einer Duftlampe ...: In einer kleinen Zeremonie wird Wasser in die Schale gefüllt, ein bestimmtes Duftöl ausgesucht und hineingetröpfelt ... Nun warten wir, bis der Duft den Raum erfüllt. Vielleicht gibt es währenddessen eine kleine Geschichte, oder ein Bilderbuch wird gemeinsam angeschaut.

Sie brauchen keine großen Erklärungen für das, was Sie hier gemeinsam tun. Tun Sie es einfach, spüren Sie hin, lauschen Sie nach! Wenn es nicht klappt, Ihr Kind keine Lust hat oder im Moment keinen Zugang findet, lassen Sie es einfach ... Vielleicht starten Sie in ein paar Tagen oder Wochen oder im Urlaub einen neuen Versuch. Kinder machen ihre Erfahrungen nach ihrem individuellen Zeitplan und Rhythmus. Wir können Sie immer wieder einladen ..., am besten durch unser eigenes Tun.

Es ist so schön, dass auch in Kindergärten zuneh-
mend Möglichkeiten geschaffen werden, Sinneserfahrungen zu machen: sei es durch tur-
bulente Matschschlach- ten oder durch
sanfte Körperübungen. Hier gilt es nur,
auf die Bedürfnisse einzel- ner Kinder zu achten: Es haben halt nicht alle 25 Kinder zur gleichen Zeit das Bedürfnis, eine bestimmte Erfahrung zu
machen. Fingerspitzengefühl und Alternativen sind gefragt, damit Sinnes- und Stilleübungen nicht falsch eingesetzt werden. Ein Mandala
sollte dem Kind nicht angeboten werden, weil es ihm langweilig ist oder weil
es gerade wild tobt und so zur Ruhe gebracht werden soll. Die wunderbaren
Wege, die Kinder (und auch Erwachsene) mit einem Mandala gehen können
– von innen nach außen, oder von außen nach innen, durch Geschichten,
Farben und Formen hindurch -, sollen behutsam eingeführt und gegangen werden, nicht
als bloße Beschäftigungsmöglichkeit eingesetzt werden.

Stille-Erlebnisse

Kennen Sie diesen Moment:
Ihr Kind steht gedankenverloren am Fenster,
wir denken, »es ist gerade in einer anderen Welt« ...
Wo mag es sein?
Ist der Blick nach innen gerichtet oder weit, weit in die Ferne?
Träumt es von der Zukunft oder blickt es zurück?

Meditation - kleine Kinder tun das wie selbstverständlich. Die »Großen« müssen es erst wieder lernen: Zeit haben, inne halten, die Tiefe und das Weite zulassen.

Hierher passen vielleicht die Worte eines bekannten Bergsteigers aus einem Fernsehinterview. Je weiter weg er vom Trubel des Alltags und vieler Menschen kommt, je weiter er hinaufsteigt in die Stille der Berge, desto näher kommt er Gott.
Das klingt wie eine Einladung an uns, seltener Vergnügungs-, Freizeit- und Erlebnisparks, dagegen öfter auch mal Orte der Stille aufzusuchen. So können wir uns zu einem Waldspaziergang aufraffen, uns einmal in eine leere und stille Kirche setzen oder unseren ganz persönlichen Ort der Stille finden ...

Gott wohnt dort, wo man ihn einlässt

In diesen Momenten, in denen Einflüsse und Stimmen von außen wegfallen, können wir in uns hineinhören, die Stimme in uns wahrnehmen. In der Stille können wir es wieder lernen, mit Gott zu sprechen. Vielleicht fällt uns das leichter, wenn wir uns vorstellen, Gott wohnt in uns. Gott wohnt dort, wo man ihn einlässt ... und da können wir auch mit ihm sprechen und auf sein Wort in uns hören – zur Stärkung für unseren Alltag.

Gerade wenn es uns selbst schwer fällt, zur Ruhe zu kommen und bewusst Stille zu erleben, können wir mit unseren Kindern oder durch sie wieder eintauchen in erholsame Atempausen im Familienalltag. Das muss keine große Aktion sein; es sind kleine Momente der besonderen Aufmerksamkeit.
Manchmal finden Kinder selber diese stillen Momente, dann gilt: Ja nicht stören!
Manchmal brauchen sie auch Anregungen, zur Stille zu finden.

Still sein und inne halten hat nichts mit Still-sitzen-müssen zu tun; das kann auch mit Bewegung verbunden sein: Wir richten besondere Aufmerksamkeit auf die Kerze, die wir weitergeben, auf den Klang, den wir hören oder auf unsere »innere Stimme«. Auch hier bedarf es keiner Worte und Erklärungen, wir tun es – gemeinsam.

Je nach Alter und Aufmerksamkeit der Kinder können folgende Stilleübungen zwischen einer und zehn Minuten dauern, sie können individuell gekürzt oder vereinfacht werden. Die Erwachsenen brauchen dabei am meisten Geduld, gerade wenn am Anfang die gewünschte Ruhe nicht eintritt ... Nur Mut!

Vielleicht können wir mit wenig Aufwand eine besondere Atmosphäre für eine Stilleübung zaubern: Wir gehen immer an einen bestimmten Ort, zum Beispiel in die Kuschelecke oder an den Esstisch; wir zünden unsere Stillekerze an oder machen die Erzähllampe an (siehe »Rituale für die gute Nacht«, Seite 62).

Wie die Sonne ... bringe ich Wärme und Licht

Eine kleine Wärmflasche wird mit warmem Wasser gefüllt und kann besonders an kalten Tagen wohltuende Wärme, Ruhe und neue Kräfte bringen.

Das Kind sucht sich einen bequemen Platz und legt sich auf den Bauch oder auf den Rücken. Es schließt die Augen und lässt sich überraschen, wo die Wärme dann zu spüren ist. Wir sitzen neben dem Kind, legen die Wärmflasche und vielleicht auch unsere Hände zum Beispiel auf den Rücken:
»Wie die Sonne, bringe ich Wärme und Licht auf Deinen Rücken ...«
Nach einiger Zeit legen wir die Wärmflasche dann auf die Füße.
»Wie die Sonne, bringe ich Wärme und Licht zu Deinen Füßen ...«
Wenn das Kind auf dem Rücken liegt und die Wärmflasche auf dem Bauch, kann es die Hände auch gleich noch oben drauf legen ...:

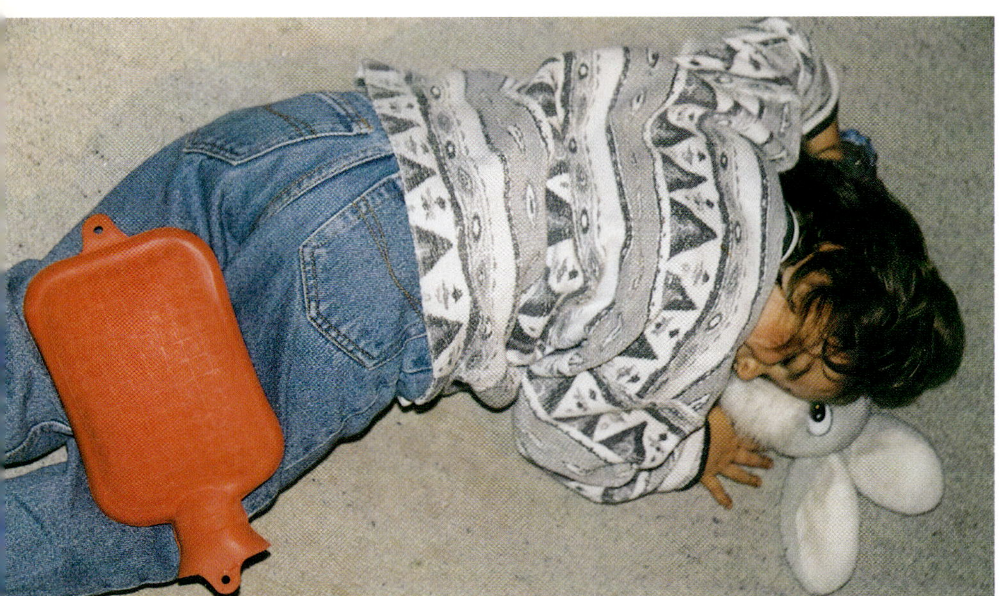

»Wie die Sonne, bringe ich Wärme und Licht zu Dir ... und die Ruhe gibt Dir neue Kraft.«
Manche Worte müssen nicht ausgesprochen werden, schon ein Gedanke hat – wie im Gebet – seine Wirkung.

Glöckchen unterwegs

Wir haben ein Glöckchen – es ist ein besonderes Glöckchen ... und darf noch nicht zu hören sein ... Wir geben es ganz vorsichtig unserem Kind, und das gibt es weiter zum nächsten Kind oder zum nächsten Erwachsenen oder eben wieder zurück. *Das Glöckchen hat einen weiten Weg vor sich und wird einige Male weitergegeben und kommt dann in der Mitte an* und wird auf ein Stück Stoff oder ein hübsches Tablett in die Mitte gestellt. *Nun kommt noch ein Glöckchen und macht sich auf den Weg ...*
So kommen in der Mitte verschiedene Glöckchen zusammen ...: Es kann ein Weihnachts-, ein Osterhasenglöckchen, ein kleines Glöckchenband oder ähnliches sein. Wichtig ist am Anfang, dass diese Glöckchen noch nicht zu hören sind (über kleine Töne wird großzügig hinweggehört, wir Erwachsenen sind ganz ernst bei der Sache und sprechen nur ganz wenige Worte im Flüsterton).

Wenn die Glöckchen in der Mitte stehen, wollen wir hören, wie sie klingen ... So leise wie möglich, nehmen wir das Glöckchen auf und lassen es klingen ..., lauschen nach und stellen es wieder ab ... Dann kommt das Nächste ... *So also klingen die Glöckchen ... wie schön!*

Die Glöckchen können auch etwas sagen ... *Was möchte Dein Glöckchen sagen? Such Dir ein Glöckchen aus, lass es erklingen und sage uns, was Dein Glöckchen sagen möchte ...*

Dieses aufmerksame Weitergeben kann auch mit einer Dose, in die eine Kugel, ein Würfel oder irgendein Gegenstand aus Küche oder Kinderzimmer gelegt wird, probiert werden ... Am Ende der Übung darf geschüttelt werden ... Was ist wohl in dieser Dose?

Ein besonderer Klang

Ein besonderes Stille-Erlebnis bietet eine Klangschale. Wenn Sie irgendwo die Gelegenheit haben, eine Klangschale auszuprobieren oder sie auszuleihen, tun Sie es. Es wird sicherlich nicht lange dauern, bis Sie sich selbst eine wünschen. Klangschalen gibt es in verschiedenen Größen und sind nicht ganz billig; aber die Anschaffung lohnt sich wirklich. Meist liegt auch eine kleine Anleitung oder Anregungen für den Umgang mit der Schale dabei.

Die Schale wird angeschlagen und ihrem Klang wird nachgelauscht. Wenn der Klöppel mit einem Tuch umwickelt wird, kann wieder ein ganz anderer Ton erzeugt werden.

Schon das Anschlagen erfordert eine gewisse Aufmerksamkeit ... Und der Klang fasziniert.

Wer mag dabei die Augen schließen?

Wer mag dabei einen Wunsch für den neuen Tag, das neue Jahr aussprechen?

Wir können auch ein Mut machendes Wort dabei sprechen ...

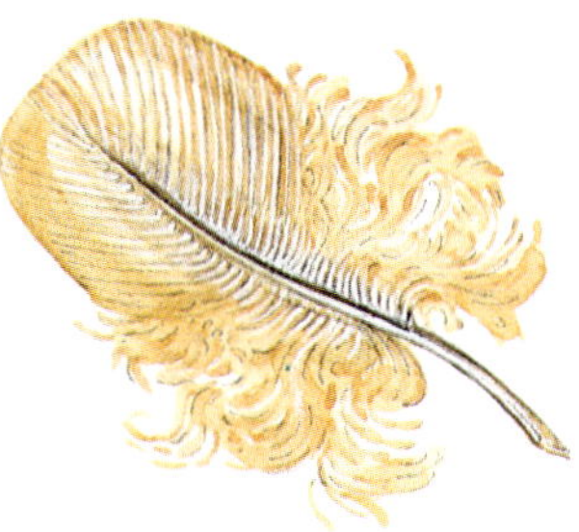

Wir gehen auf die Reise mit dem FaFeFiFoFu ...

Mittlerweile gibt es viele Bücher mit Phantasiereisen. Hier können Sie in einer guten Buchhandlung Geschichten nach Ihrem Geschmack und nach dem Alter Ihrer Kinder aussuchen. Unsere Kinder lieben *Die Reise zur goldenen Feder* (aus dem Buch von Gerda und Rüdiger Maschwitz, Stille-Übungen mit Kindern):
Wir liegen alle auf einer Decke am Boden oder abends schon im Bett.
Wir rufen gemeinsam unser Zauberflugzeug FaFeFiFoFu!

»Faaaaaaaaaaaaafeeeeeeeeeeefiiiiiiiiiiiiiifooooooofuuuuuu! «

Einsteigen bitte. Legt euch in euren superbequemen Reise-Liege-Sessel mit bester Aussicht und schnallt euch an. So, alle fertig?
Macht euch schwer, spürt euren Kopf am Boden ..., fühlt euren Rücken ..., eure Beine ..., eure Füße ..., eure Arme.
Ihr liegt fest am Boden, damit das FaFeFiFoFu sein Gleichgewicht behält. Nun startet ihr.
Startet den Motor: *»AaaaaaaaaaEeeeeeeeIiiiiiiiiiOooooooooUuuuuu.«*. Ihr steigt und steigt. Heute habt ihr eine besondere Aufgabe. Ein kleiner Vogel hat seine goldene Feder verloren. Sie schwebt vor der Sonne. Ihr wollt dorthin gleiten und die goldene Feder zurückholen. Ihr schwebt ... Ihr könnt durch das runde Glasdach über euch ins Weltall schauen ... Ihr schwebt im Weltall ...
Was seht Ihr? ... Was spürt Ihr? ...
Könnt Ihr die Sonne schon entdecken und ihre Wärme spüren? Die Strahlen scheinen auf euren Bauch und auf das Herz.
Ihr seht die kleine, goldene Feder ... da schwebt sie im Sonnenlicht ... Ihr nähert euch der Feder, bis sie auf dem Glasfenster liegt. Die Sonne scheint auf sie. Die Feder schwebt durch das Glas auf euch herab. Könnt Ihr spüren, dass sie auf euch landet?
Nun könnt ihr zurückkehren, ihr fliegt jetzt wieder zurück. Spürt, ob ihr noch fest liegt ... Ihr gleitet wieder zurück zur Erde ... Könnt ihr sie schon sehen?
Gleich landet ihr ... Das FaFeFiFoFu kommt auf dem Boden an.
Ihr seid wieder unten ... Habt ihr die kleine Feder?
Wer bringt sie dem kleinen Vogel?
Bitte alle wieder abschnallen. Streckt Euch und räkelt Euch ...
Unsere Reise ist zu Ende ... Wie geht es Euch?

»Kuscheltier, komm schlaf mit mir«

Beim Mittagsschläfchen oder am Abend im Bett kann uns das Lieblingskuscheltier dabei helfen, zur Ruhe zu kommen. Das Kind liegt auf dem Rücken und legt das Kuscheltier auf die Brust. Nun können wir beobachten, wie es durch das Atmen auf und ab bewegt wird: wie eine kleine Schaukel ... Tiefe und bewusste Atemzüge machen die Bewegung ganz deutlich; die Atemzüge, die ganz von alleine kommen und gehen, lassen die Bewegung sanft und ruhig werden ... Einatmen ... Ausatmen ... Auf und ab ... Kommen und gehen ... Geben und nehmen ... Wach sein und schlafen ... So ist es gut!

Schritt für Schritt

Wir sitzen im Kreis, zünden eine Kerze an und stellen sie in die Mitte ... Sie ist nicht zu klein und nicht zu groß, so dass sie eine Kinderhand gut fassen kann. Das Wachs beim Docht darf nicht zu flüssig werden. Gut ist, wenn die Übung gleich beginnt.
Ein Erwachsener zeigt – nicht erklärt – einmal wie die Übung geht: Er steht leise auf, nimmt die Kerze und läuft im Stuhl- oder Sitzkreis eine große Runde, langsam, Schritt für Schritt, mit der Aufmerksamkeit auf die Flamme der Kerze. Nach der Runde stellt er die Kerze wieder in der Mitte ab und fordert mit einer einladenden Handbewegung ein Kind auf, das Gleiche zu tun.
Wenn das Wachs in der Mitte zu flüssig wird, kann eine neue Kerze angezündet werden.
Falls der Platz für diese Übung zu Hause nicht geeignet ist, kann die Übung ja in einer Gruppe im Kindergarten, Ferienheim, Pfarrheim oder Gemeindehaus ausprobiert werden.

 Bewusste Schritte in aller Ruhe und Aufmerksamkeit können auch mit einem kleinen Reissäckchen auf dem Kopf oder in der Hand gemacht werden ...

Sicherlich entwickeln sich aus dem Familienalltag ganz eigene Formen, Stille zu finden.

In einer Zeit, in der schon kleine Kinder mit Terminkalender leben, in der viele mehr oder weniger kindgerechte Programme im Fernsehen und über den Computer angeboten werden, sind auch Zeiten der Ruhe und Stille dringend nötig. Unsere Kinder werden sonst überschüttet mit Eindrücken, Stimmen und Geräuschen von außen und können ihre kostbare innere Stimme nicht mehr hören. Sie haben keine Zeit mehr zum Träumen. Die Pädagogin Maria Montessori wies vor fast 100 Jahren (!) bei der Bedeutung der Sinneserfahrungen auch auf die Reizüberflutung hin, der die kleinen Kinder ausgesetzt sind. Wie hat sich das heute, in einer Zeit zunehmender Technisierung und Schnelligkeit zugespitzt?

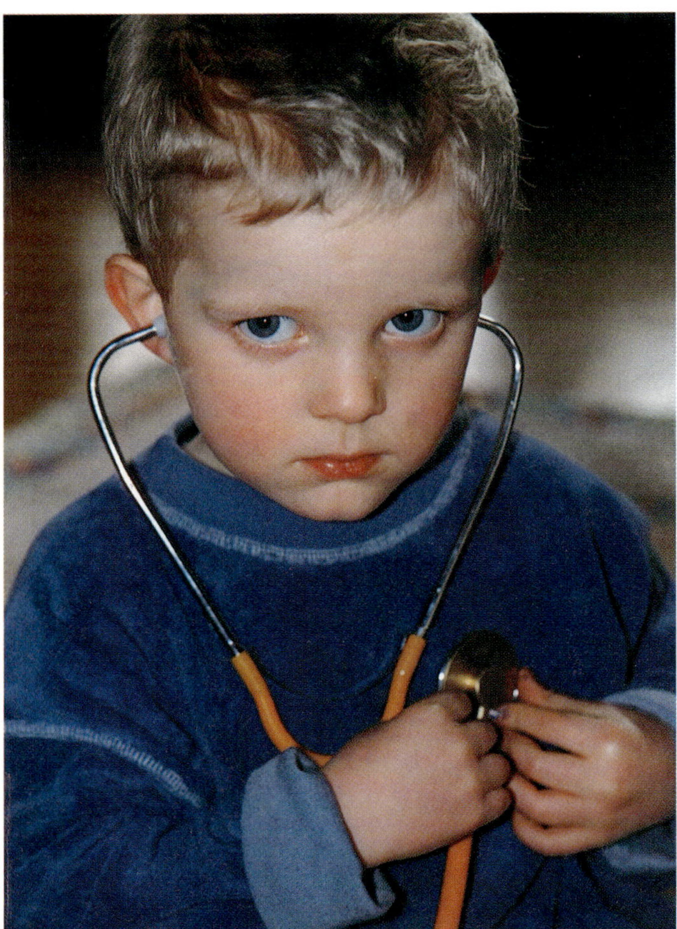

Eine Stille-Erfahrung:

Dieses Herz ist gut gemacht. Das hat Gott sich ausgedacht.

Naturverbundenheit

Der kleinste Käfer wird entdeckt, der dicke Baum wie ein Freund umarmt, die Wärme der Sonne auf der Haut gespürt und mit dem Wind getanzt – verbunden mit der Natur! So einfach ist das – bei unseren Kindern!

Leben Sie auf dem Land oder in der Stadt?
Haben Sie die Möglichkeit, mit ihren Kindern im Wind zu tanzen oder Bäume zu umarmen?
All das kostet nichts, ist ein Geschenk, das uns reich macht.

All das, was uns an Naturvölkern, an Indianerstämmen fasziniert, die Einfachheit, die Verbundenheit von Menschen, Tieren und Pflanzen, dieses Eingebundensein in den Lebenskreislauf, hat in unserer europäischen Welt (wieder) ihren Reiz. Wir besinnen uns allmählich wieder auf pflanzliche Heilkräfte und Homöopathie, auf naturbelassene Nahrungsmittel und den Mondzyklus ... wie zu Urgroßmutters Zeiten. Egal, was wir im Moment davon halten oder wieviel wir davon wissen: Über das Leben mit unseren Kindern kommen wir wieder stärker mit Natur in Berührung.

Mit Gottes Schöpfung in Verbindung

Unsere Kinder entdecken ihre Welt. Sie sammeln viele Eindrücke in der Natur, beobachten genau und stehen in einer geheimnisvollen Verbindung mit kleinen Käfern und den Blättern im Wind.
Gehen wir doch mit unseren Kindern auf diese Entdeckungsreise:

Unser Wissen über Zeckenbisse und Fuchsbandwürmer kann uns so manchen Waldspaziergang vermiesen oder aber auch entsprechend schützen und handeln lassen.

Die schädlichen Sonnenstrahlen können uns verrückt machen vor Angst, oder aber die nötigen Vorsichtsmaßnahmen ergreifen und die Sonne genießen lassen.

Die Natur hält Dinge bereit, die eine wichtige Bedeutung für unser Leben haben. Hier gibt es Bilder, Symbole, die uns helfen und stärken, die uns mit Gottes Schöpfung in Verbindung bringen und Lebensfreude schenken. Draußen in der Natur können wir ihre Kraft spüren; wir können sie aber auch mit nach drinnen nehmen, in unsere Wohnungen, in unsere Herzen.

Ich möchte eine Wolke sein

T: Reinhard Bäcker / M: Detlev Jöcker
© Menschenkinder Verlag, 48157 Münster

2. Ich möchte eine Welle sein
im weiten Weltenmeer:
Mal groß, mal klein, mal hier, mal dort -
das wünsch ich mir so sehr.

3. Ich möchte eine Blume sein,
auf einer Wiese stehn.
Mein wunderschönes Blütenkleid
kann jeder leuchten sehn.

4. Ich möchte gern ein Baum mal sein,
der Stamm sei stark und fest,
und in den Zweigen bauen sich
die Vögel gern ihr Nest.

5. Ich möchte gern die Sonne sein.
Schau, wie sie strahlt und lacht.
Die Sonnenstrahlen haben schon
so viele froh gemacht.

Der Baum

Wir können den Baum draußen umarmen, unter seiner Blätterkrone Schatten suchen, seine Früchte genießen oder mit einem Stetoskop hören, wie er im Frühjahr Saft zieht.

Wir können uns selbst hinstellen und Baum sein: unsere Füße fest verwurzelt mit der Erde, unsere Arme hochgestreckt und mit dem Himmel verbunden ...

Tun wir es, spüren wir es ...!

Wie geht es uns dabei? Was spüren wir? ... die Großen ... und die Kleinen ...

Die Sonne

Wir können uns draußen die Sonne auf den Bauch scheinen lassen und die Wärme spüren. Wir können uns auch drinnen von dem Bild Kraft holen. Wie wäre es mit dem Lied mit Bewegung:

Groß ist die Sonne

Groß ist die Sonne,

hell ihr Schein,

niemand kann ohne Sonne sein.

Da kommt 'ne dicke Wolke

und hat sie zugedeckt.

Doch dann sagt sie: Hallo! Ich hab mich nur versteckt!

Die Blume

Maria Montessori, die bekannte Pädagogin, vergleicht ein Kind mit einer Blumenzwiebel ...
Betrachten wir beispielsweise die Zwiebel einer Frühlingstulpe. In dieser Zwiebel sind viele Informationen enthalten: Es soll eine früh blühende, kurzstielige, orangefarbene Tulpe mit gefüllten, gezackten Blättern werden.

Diese Anlagen können durch äußere Bedingungen nicht verändert werden. Entscheidend für das Wachsen unserer Tulpe ist jedoch, ob sie geeignete Erde mit der richtigen Menge an Nährstoffen und Wasser und genügend Licht erhält. Sie kann kümmerlich aussehen oder bei ganz ungünstigen Bedingungen gar nicht zur Blüte kommen. Sie kann aber auch eine wunderschöne, lange blühende und prächtige Tulpe werden.

Zu viel Wasser oder Sonne sind ebenso schädlich wie zu wenig. Das ungeduldige Ziehen am Stiel erscheint als völlig ungeeignet, um zu erreichen, dass die Tulpe das »macht«, was wir uns vorstellen.

Die Anlagen unserer Kinder können wir nicht durch unser Zutun verändern. Wir können diese Anlagen aber verkümmern lassen und die zarten Knospen »niedertrampeln«. Wir können aber auch durch den entsprechenden Umgang und die liebevolle Pflege unser Pflänzchen frohen Mutes wachsen und gedeihen lassen.

In jedem Kind steckt ein persönlicher Bauplan, nachdem sich seine Entwicklung vollzieht. Unsere Aufgabe ist es, hier hilfreich zur Seite zu stehen.

Vom Spaziergang bringen wir verschiedene Blumen mit. Jede oder jeder bekommt eine Blume, sie wird bestaunt und beschrieben: kleine und große Blumen, langer oder kurzer Stiel, blaue oder gelbe Blüte, spitze oder runde Blätter usw. Wir stellen fest, die Blumen sind so verschieden wie wir Menschen: große und kleine Leute, lange und kurze Haare, blaue oder braune Augen ... Wir sind verschieden – eine jede von uns und ein jeder von uns ist einzigartig.

Nun stellen wir unsere Blumen in eine Vase ... So ergeben alle Blumen einen schönen Blumenstrauß! Und so sind wir – jede einzelne und jeder einzelne von uns – zusammen eine Familie oder eine Gruppe, die zusammengehört. Es ist schön, dass wir zusammen sind.

Alles was wächst

Alles was wächst und sich verändert und von den Kindern beobachtet werden kann, übt eine besondere Faszination auf Kinder – und auch auf Erwachsene – aus. So ist

- das Einpflanzen von Kürbiskernen in der Erde in einem Blumentopf,
- das Ausstreuen von Kressesamen auf einem Stück nasser Watte oder
- das Einfüllen und Wässern von Keimlingen in einem Sprossenglas

eine spannende Sache. Die Pflege und das Beobachten der kleinen Pflanzen sind eine gute Gelegenheit, das Wunder des Wachsens in der Natur und bei uns Menschen zu erleben. Dabei können tiefes Vertrauen und Lebensfreude ebenfalls wachsen.
Noch dazu können wir uns später manches Pflänzchen auch gut schmecken lassen ...

Naturmandala

Wenn wir unsere Schätze von Spaziergängen und Entdeckungsreisen im Wald gut aufbewahren – vielleicht in einer Schatzkiste – können wir auch einmal ein Naturmandala legen: aus Tannenzapfen, Steinen und Eicheln, aus Schneckenhäusern und Wurzeln, aus Kastanien, Maiskolben und getrockneten Blumen, aus getrockneten Blättern, Getreideähren und ... und ... und ...

Mit immer zwei gleichen (ähnlichen) Naturschätzen auf runden Bierdeckeln aufgeklebt, können wir ein ganz persönliches Tast-Memory gestalten. Auch für Erwachsene ist es eine wunderbare Erfahrung, die bekannten Dinge nicht nur zu sehen, sondern durch Ertasten wieder zu entdecken, zuzuordnen und schätzen zu lernen.

Gott hat diese Welt erschaffen ... und siehe es war gut

Gott hat diese Welt erschaffen – und siehe es war gut!
Wenn wir sehen, wie glücklich unsere Kinder in der Natur sind, welche Achtung sie den Tieren schenken und welche Liebe sie ihren Eltern geben und in anderen Menschen wecken, dann fällt es uns leicht, die erste Geschichte in der Bibel, die Schöpfungsgeschichte, zu erzählen, nachzuvollziehen und zu glauben, dass »es gut ist«.

Wir gestalten das Schöpfungsbild:

Wir wollen diese Geschichte erzählen und ein Bild dazu machen. Die Erwachsenen und die Kindern, die mitgestalten wollen, bekommen – aus Holz / Plastik / Gummi / Tonpapier–: Tiere, Bäume, Menschen, Wolken, Sonne, Mond ... Entsprechende Tücher werden bereitgelegt.

So – wenn ihr jetzt die Geschichte hört, müsst ihr gut aufpassen, denn wenn die Figuren drankommen, dürft ihr sie zu dem Bild stellen.

Am Anfang hat Gott den Himmel und die Erde erschaffen.
Die Erde war aber noch ganz leer und es war überall dunkel.
(Großes schwarzes Tuch ausspannen und hinhalten)
Am ersten Tag sprach Gott: Es werde Licht.
(Schwarzes Tuch wegnehmen)
Da wurde es hell. Und Gott sah, dass es gut war.

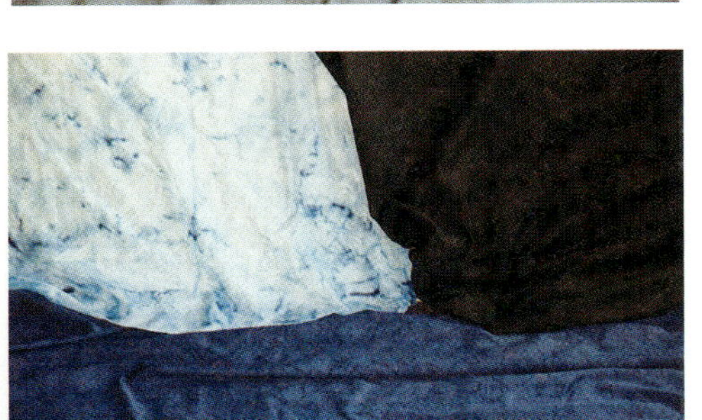

Am zweiten Tag sprach Gott: Über der Erde soll ein Himmel sein.
(Karton hochklappen mit blauem Tuch darüber, das schwarze Tuch zum Himmel hängen, für die Nacht)
Und es leuchtete ein blauer Himmel über der Erde und weiße Wolken zogen am Himmel dahin. Und Gott sah, dass es gut war.
(Weiße Wolken an das Tuch heften)

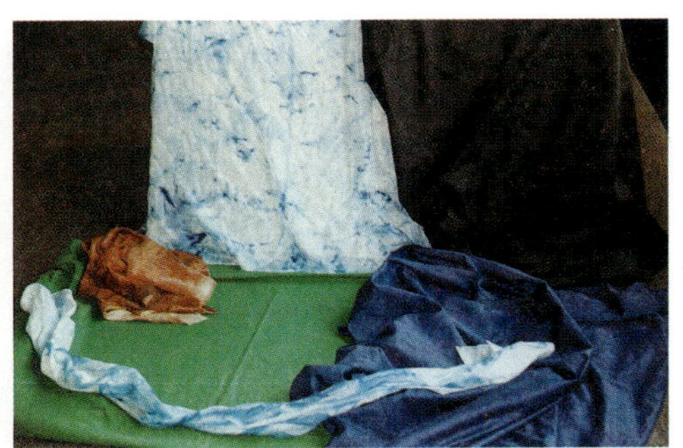

Am dritten Tag sprach Gott: Auf dieser Seite soll das Meer sein. Und dort das Land.
(Blaues Wassertuch zurückziehen, Erden- und Wiesentuch kommen zum Vorschein)
Auf dem Land sollen Bäume wachsen und Pflanzen und Blumen. Und Gott sah, dass es gut war.
(Bäume, Pflanzen und Blumen dazustellen)

Am vierten Tag sprach Gott: Lichter sollen am Himmel leuchten. Die Sonne am Tag und der Mond und die Sterne in der Nacht. Und die Sonne ging über der Erde auf und leuchtete warm auf die Erde und der Mond und die Sterne leuchteten in der Nacht. Und Gott sah, dass es gut war.
(Sonne, Mond und Sterne entsprechend anbringen)

Am fünften Tag sprach Gott: Im Wasser sollen Fische leben und Vögel in der Luft. Und so machte Gott die Fische, die im Wasser schwimmen und die Vögel, die über der Erde fliegen.
(Fische und Vögel zu dem Bild stellen oder legen)

Am sechsten Tag sprach Gott: Auch auf dem Land sollen Tiere wohnen. Und Gott schuf Tiere, große und kleine, flinke und lahme, wilde und zahme, alles was kriecht und was Beine hat. Und Gott sah, dass es gut war.
(Alle Tiere auf dem Schöpfungsbild verteilen)

Zuletzt machte Gott die Menschen. Und Gott schuf die Menschen nach seinem Bilde.

Das ist gut, dass Gott die Menschen geschaffen hat. Die Kleinen und die Großen, die Kinder und die Eltern.
(Die Menschenfiguren oder Puppen dazustellen)

Am siebten Tag aber ruhte Gott sich aus. Gott sah alles an, was er erschaffen hatte. Und er sah: Es war alles sehr gut.

Das wird ein so schönes Bild, dass es ruhig ein paar Tage in der Wohnung stehen bleiben kann ... Vielleicht auf einem kleinen Tisch vor dem Fenster ... Und wenn wir mal draußen sind, erinnern wir uns auf der Blumenwiese daran, dass Gott alles geschaffen hat ...

Ein bunter

Ein bunter Regenbogen
ist übers Land gezogen.
Damit ihr alle wisst,
dass Gott euch nicht vergisst!

Regenbogen

Die Arbeit läuft dir nicht davon,
wenn du deinem Kind den Regenbogen zeigst,
aber der Regenbogen wartet nicht.

MIT KINDERN DURCH DAS JAHR

»1, 2, 3 – Gott ist dabei.«

Der Jahreskreis

Wie die Zeit vergeht

Wie die Zeit vergeht ...
Viele Eltern sagen: »Seit wir Kinder haben, merken wir erst, wie schnell die Zeit vergeht ...«
Meine Mutter sagt: »Kind, genieße Deine kleinen Kinder, sie werden so schnell groß ...«
Wie geht es Ihnen damit?

Auch kleine Kinder wollen schon bald Hilfestellungen für diesen unvorstellbaren Begriff »Zeit«.
»Wie oft noch schlafen?«
»Wann habe ich wieder Geburtstag?«
»Wann schneit es?«, lauten häufige Fragen.
Dahinter stecken das erste Entdecken vom Vergehen und vom Wechsel der Zeit, das Warten auf ein neues Ereignis, das Ahnen eines Lebensrhythmus'.
Wie kann dies alles für Kinder sichtbar gemacht werden?

Wir stellen Ihnen zwei Anschauungshilfen vor:

● die Sanduhr für einen kurzen Zeitabschnitt von 30 Minuten
● die Jahreskette für das ganze Jahr (Seite 143).

Die **Sanduhr** ist sehr eindrucksvoll. Wie die Zeit vergeht ... Sie läuft und läuft und läuft ...
»Schau, bis die Uhr durchgelaufen ist, darfst du noch spielen ...« Oder: »Ich möchte mich gerne ausruhen und erst wieder gestört werden, wenn die Sanduhr abgelaufen ist.« ...Oder: »Noch bevor die Uhr abgelaufen ist, kommt der Papa nach Hause.«
Das sind die Sätze, mit denen bei uns die Sanduhr eingesetzt wurde. Vielleicht ist sie Ihnen auch hilfreich im Alltag mit kleinen Kindern. Dann bauen Sie sie einfach nach, aus zwei Gläsern mit Deckel. In die Deckel wird ein Loch gebohrt (beide Deckel gleichzeitig durchbohren; Deckel am besten vorher fest zusammen kleben). Mit gesiebtem Vogelsand wird ein Glas gefüllt. Dann kommt die Geduldsprobe: Wie lange läuft die eingefüllte Menge Sand durch? 20 Minuten, 30 Minuten ... Muss etwas Sand rein oder raus ...?

Wiederkehrende Jahreszeiten und Festtage haben eine besondere Bedeutung.
Für manche sind Familienfeste – aus unterschiedlichen Gründen – allerdings reduziert auf Einkaufsstress und Essensplan; sie sind zur reinen Organisationssache geworden. Viele Familien sind mit oder durch ihre kleinen Kinder wieder auf der Suche nach einer neuen und familiengerechten Gestaltung der Festtage.

Der Jahreskreis als Lebenshilfe

Der Jahreskreis kann – bewusst erlebt – zur Lebenshilfe für jung und alt werden: Geduldig kehren jedes Jahr Frühling, Sommer, Herbst und Winter wieder. Im gleichbleibenden Rhythmus durchleben wir Weihnachten, Ostern und Pfingsten. Im Wechsel der Jahreszeiten und im Gehalt der alten Feste entdecken wir unser Leben: von der Geburt bis zum Tod ... Die darin verborgene Lebenskraft macht – einmal erfahren – alte Traditionen lebendig: Wir können neue Rituale als Kraftquellen entdecken.

Wenn wir mit Jesus auf Entdeckungsreise gehen,

- ausgehend von seiner Geburt an Weihnachten, mitten in der Nacht, geführt von einem leuchtenden Stern,
- durch sein Leben und
- durch seinen Tod am Karfreitag hindurch
- bis zu seiner Auferstehung am Ostermorgen
- und seiner Rückkehr zu seinem Vater im Himmel,

dann spüren wir etwas von unseren eigenen »Aufs und Abs«, von Licht und Schatten, von Geburt und Tod in unserem Leben.

Wie das uns zur Lebenshilfe werden kann und was wir davon schon an unsere Kinder weitergeben können, zeigen die folgenden Anregungen.

 Eine schöne Möglichkeit, den Jahreslauf bzw. den Jahreskreis zu entdecken, bietet die **Jahreskette**.

Für jeden Tag wurde eine Perle aufgefädelt. Jeder Monat bekommt eine andere Farbe (Grün-Töne für das Frühjahr, Gelb- und Rot-Töne für den Sommer, Braun-Töne für den Herbst und Weiß- und Blau-Töne für den Winter). Die Jahreszeiten können auch mit bunten Tüchern gekennzeichnet werden. Wenn Sie besondere Tage kennzeichnen möchten, können Sie auch eine besondere Perle, groß oder glitzernd, dazwischen auffädeln.

Die Jahreskette bietet die Möglichkeit, ganz bewusst und sichtbar, ein Jahr entstehen zu lassen. Das heißt, an jedem Tag wird mit den Kindern eine Perle aufgefädelt. Wenn das Jahr herum ist, schließt sich der Kreis. Die Jahreskette wird geschlossen und das neue Jahr beginnt.

Sie können die Kette aber auch auf einmal fertigstellen und die *Jahreszeiten* mit entsprechenden Naturmaterialien deutlich machen: ... Blumen im Frühjahr ... Sonnenstrahlen und Badehose für den Sommer ... Kastanien für den Herbst ... und Watteflocken als Schnee oder kleine Eiswürfel für den Winter.

... Eine Kerze an der Geburtstags-Perle oder ein kleines Herz am Hochzeitstag ... eine Blume am Besuchstag der Oma oder Sand und Muscheln oder die Zugfahrkarte für die Urlaubszeit ... auch ein schwarzes Band am Todestag eines lieben Menschen oder des kleinen Kätzchens lassen eine *persönliche Jahreskette* entstehen und das Jahr bewusster verstreichen und auch im Rückblick nochmal lebendig werden.

Das so genannte *Kirchenjahr* mit seinen Festtagen bietet viele Symbole, die oft ohne große Erklärungen wirken. Es beginnt im Advent.
... Die Lichter und der Stern in der Advents- und Weihnachtszeit ... das Kreuz und das Osterei an Ostern ... eine Taube und eine Feder an Pfingsten ... die Früchte an Erntedank und ein Spiegel für den Buß- und Bettag ...
Traditionelle Symbole und eigene Darstellungs- und Erklärungshilfen können das Kirchenjahr veranschaulichen. Ausführliche Anregungen zu den einzelnen Festtagen gibt es in diesem Kapitel und auch in vielen ansprechenden Jahresbüchern (siehe Literaturverzeichnis: Seite 197).

Die vielfältigen Gestaltungsmöglichkeiten der Jahreskette eignen sich besonders auch für den Einsatz in Kindergruppen oder in der Schule. Wer nicht den Platz hat, die Kette das ganze Jahr über auszulegen, kann ja einfach eine schöne Schale oder Kiste verwenden, in der so nach und nach immer mehr Gegenstände gesammelt werden. Bei passender Gelegenheit wird die Kette ausgelegt und die Gegenstände wie ein Puzzle zugeordnet. Eine schöne Tätigkeit, begleitet von lebendigen Erinnerungen und »Weißt-Du-noch«-Geschichten.
Und mit den Kindern kann die Kette und ihr Zubehör im Laufe der Jahre wachsen.

Advents- und Weihnachtszeit

Stille Zeit – hektische Zeit

Die Advents- und Weihnachtszeit ist und bleibt etwas Besonderes.
An was erinnern Sie sich aus Ihrer Kindheit ... an den Plätzchenduft und die Heimlichkeiten in dieser Zeit ... an den geschmückten Baum ... an die Weihnachtslieder ... an ein besonderes Geschenk ... an eine große Enttäuschung?

Die Adventszeit ist die Vorbereitungszeit auf ein ganz besonderes Fest. An Weihnachten feiern wir, dass Gott zu uns Menschen kommt. – Und er kommt nicht etwa als Superweib oder Top-Manager. Nein, er kommt als Kind, als Baby mit dem Namen Jesus. Wir feiern also an Weihnachten den Geburtstag von Jesus. Gott schenkt uns seinen Sohn, damit wir in unserem Leben ein »Vorbild« haben: Liebe leben, Armen und Kranken helfen, solidarisch sein ..., das bringt Licht ins Dunkle ... Jesus ist das Licht der Welt.

 Die Wartezeit wird uns verkürzt mit liebevoll gestalteten Adventskalendern:

- ein Tannenbaum aus Tonpapier, an dem jeden Tag eine bunte Kugel mehr aufgeklebt wird;
- ein langer Weg auf dem Fensterbrett, auf dem die Krippenfiguren Maria und Josef jeden Tag ein Stückchen weiter bewegt werden, bis sie am 24. Dezember im Stall ankommen;
- ein Adventskalender, an dem jeden Tag ein Türchen geöffnet wird und Bilder mit Symbolen aus der Weihnachtszeit zu entdecken sind.

Schenken wir den Kindern durch den Adventskalender keine materiellen Dinge, schenken wir ihnen Zeit und Zuwendung. Das brauchen wir alle am Nötigsten.

Denn zwischen dem tatsächlichen Sinn der Advents- und Weihnachtszeit und unserem Erleben in Gesellschaft und Familie tut sich ein Graben auf ... Wie bei einem Puzzle, dessen Teile nicht mehr zusammenpassen:

**Advent als Vorbereitungszeit für die
»Ankunft Gottes«** (nicht nur in unseren Wohnungen, sondern vor allem
in unseren Herzen) ... Warten ...
Gott im Kleinen und Verborgenen finden (als Kind,
»mitten im Winter und zu der
halben Nacht«)

*Wartezeit ... alles muss schneller gehen; Zeit ist Geld; Wünsche
werden sofort erfüllt; alle Hochgefühle müssen wie bei der Einnahme
von Drogen jetzt und sofort da sein; die Genesung muss
schnell von Statten gehen; Nachrichten gehen in Sekun-
den um die Welt. Wir haben keine Zeit zum Warten
und Vorbereiten.   Auf was auch?*

**Nikolaus – der es gut mit den
Kindern meint, immer Äpfel und
Nüsse für sie in den Taschen hat und über den
es viele interessante Geschichten gibt.**

*Nikolaus – der als Erziehungsmethode
eingesetzt wird, der als Plastikfigur vor jedem
Kaufhaus winkt und den Umsatz steigern soll.*

**Ein gewisser Zauber und Glanz, der die
Herrlichkeit Gottes widerspiegelt ... Heimlichkeiten
und Kleinigkeiten, die Freude bringen.**

*Lichterketten und
Weihnachtsschmuck werden immer bu
heller, schöner und teurer; ab Ende
September stehen die Nikoläuse
palettenweise im Supermarkt; an
allen Ecken und Enden Weihnachts-
musik; Überschüttung mit Dekoration,
reine Konsumsache.*

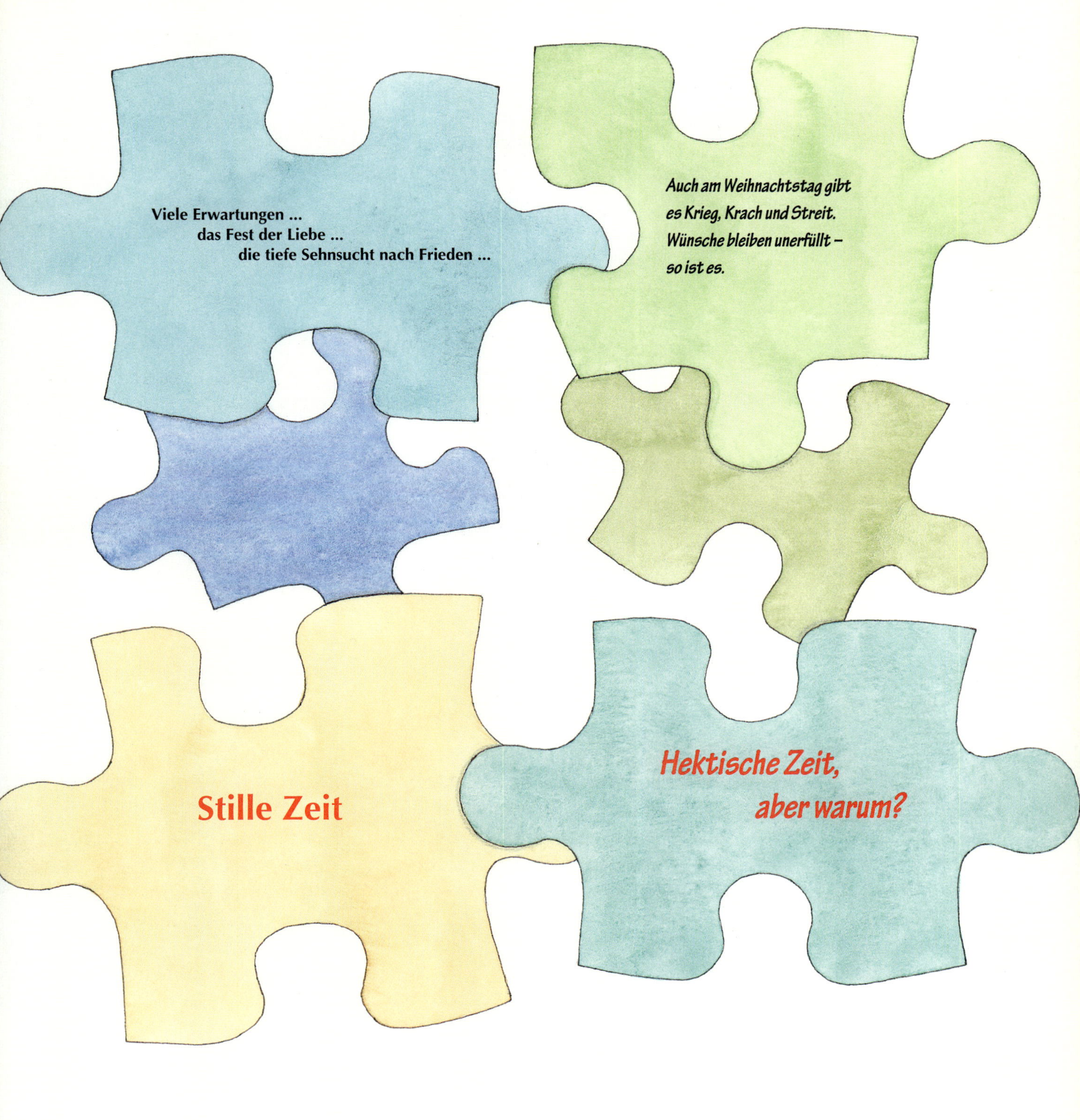

Viele Erwartungen ...
das Fest der Liebe ...
die tiefe Sehnsucht nach Frieden ...
Auch am Weihnachtstag gibt es Krieg, Krach und Streit. Wünsche bleiben unerfüllt – so ist es.
Stille Zeit
Hektische Zeit, aber warum?

Fürchtet euch nicht

Wir tragen eine tiefe Sehnsucht in uns nach Liebe und Frieden: Jedes Jahr an Weihnachten wird diese auf eine besondere Art und Weise angerührt und bekräftigt. Gedacht für alle Tage im Jahr, für unseren Alltag in den Familien. Weihnachten ist der Anstoß, dass wir Gott im Verborgenen suchen und Jesus in unser Herz lassen, dass das Licht uns erfüllt und wir es weitergeben. Dabei gilt: »Fürchtet Euch nicht!«

Die Advents- und Weihnachtszeit ist reich an sinnlichen Erfahrungen. Viele Symbole begegnen uns ... Äpfel, Nuss und Mandelkern – der leuchtende Stern und die grünen Tannennadeln ... All diese Dinge sprechen für sich und müssen den Kindern oft gar nicht erklärt werden. – Uns Erwachsenen tut es aber gut, etwas über sie zu wissen, damit wir uns auch entscheiden können, was uns wichtig wird und was wir getrost weglassen können ... Zum Beispiel: Warum meine Weihnachtskugeln rot sind (»Rot ist die Liebe«) – und ich nicht jedes Jahr die Farbe wechsle, weil wir uns nach der Mode richten.
Bei aller Vorbereitung gilt: Gemeinsames Tun ist kostbarer als jedes Geschenk! Und: Weniger ist oft mehr!

Der Adventskranz

Wir können selber einen Kranz binden ...

Wo stehen die Bäume, die auch im Winter grün sind? – Grün ist die Hoffnung.

Haben wir Zweige im Garten oder dürfen wir welche im Wald holen? Ein, zwei lange biegsame Zweige von einem kahlen Strauch, mit Draht zu einem Kranz gebunden, bieten eine gute Grundlage, um die grünen Zweige nach und nach anzubringen.

Wir binden einen Kranz, der Kranz ist wie ein Kreis ... Er endet nicht, er hört nicht auf, so wie die Liebe Gottes nie aufhört ...

Wir können geeignete Kerzenhalter draufstecken, um den Kerzen einen sicheren Halt zu geben (weil Kinder manchmal nicht nur mit den Augen sehen, sondern auch mit den Fingern ...). Welche Kerzenfarbe suchen wir aus? Vielleicht rot?

Rot ist die Liebe. »Einer hat uns angesteckt, mit der Flamme der Liebe ... und die Flamme brennt hell.«

Der Adventskranz ist fertig. Er kann auf Wunsch in den nächsten vier Wochen bunter werden, mit kleinen Schleifen oder Symbolen aus dem Adventskalender geschmückt werden. Er kann auch einfach so bleiben. Die Zeit des Wartens beginnt.

> **Advent, Advent, ein Lichtlein brennt.**
> **Erst eins, dann zwei, dann drei, dann vier,**
> **dann steht das Christfest vor der Tür.**

Es wird immer heller. Das merken wir natürlich besonders gut, wenn wir die Kerzen abends vor dem Zu-Bett-Gehen noch einmal anzünden und bestaunen. Vielleicht singen wir dabei das Lied:

Ja, dann ist Advent

T/M: Detlev Jöcker
© Menschenkinder Verlag, 48157 Münster

2. Kommt, wir schauen in das Licht,
    das hell leuchtet und verspricht:
    Gottes Kind wird *Freundschaft* bringen,
    lasst uns freuen, lasst uns singen!
    Wenn die *zweite* Kerze brennt,
    ja, dann ist Advent.

3. Kommt, wir schauen in das Licht,
    das hell leuchtet und verspricht:
    Gottes Kind wird *Liebe* bringen,
    lasst uns freuen, lasst uns singen!
    Wenn die *dritte* Kerze brennt,
    ja, dann ist Advent.

4. Kommt, wir schauen in das Licht,
    das hell leuchtet und verspricht:
    Gottes Kind wird *Frieden* bringen,
    lasst uns freuen, lasst uns singen!
    Wenn die *vierte* Kerze brennt,
    ja, dann ist Advent.

Äpfel, Nüsse, Mandelkern

Nikolaus lebte vor vielen, vielen Jahren. Er liebte die Kinder sehr. Seine Taschen waren immer voller Äpfel und Nüsse – den Früchten des Herbstes – die er an die Kinder verteilte. Einmal hat er sogar ein Säckchen mit Goldstücken in ein offenes Fenster einer armen Familie geworfen, damit die Mädchen auf eine Schule gehen konnten, die damals viel Geld kostete. Der Nikolaus war Bischof von Myra und sein Name wurde weit bekannt, weil er so viel Gutes getan hat.
Auch heute füllt er noch manchmal einen Stiefel oder einen Teller, der vor die Tür gestellt wird … Er selbst oder jemand, der es genauso gut mit den Kindern meint wie der Bischof Nikolaus.

Bald ist Nikolausabend da

2   Dann stell ich den Teller auf,
Nikolaus legt gewiss was drauf!
Lustig, lustig, tralalalala,
bald ist Nikolausabend da!

4.   Wenn ich aufgestanden bin,
lauf ich schnell zum Teller hin.
Lustig, lustig, tralalalala,
nun war Nikolausabend da!

3.   Wenn ich schlaf, dann träume ich:
Jetzt bringt Nikolaus was für mich!
Lustig, lustig, tralalalala,
heut ist Nikolausabend da!

5.   Nikolaus ist ein guter Mann,
dem man nicht g'nug danken kann.
Lustig, lustig, tralalalala,
nun war Nikolausabend da!

- Wussten Sie schon, dass die Spekulatius-Plätzchen ihren Namen vom Nikolaus haben? Speculator meint den Mann, der »nach innen lauscht«. Und dieses Gebäck gab es nur an einem einzigen Tag im Jahr, am Nikolaustag. Wie wäre es damit, diesen Brauch wieder aufleben zu lassen?

- Bei meiner Freundin gibt es am Nikolaustag das erste Mal Mandarinen, so dass dieser Tag – und die Mandarinen – zu etwas ganz besonderem werden.

- Äpfel und Nüsse bieten uns die Möglichkeiten, Entdeckungen »im Verborgenen« zu machen. Da ist der Apfel, der quer aufgeschnitten, die fünf Stübchen zeigt. Ein Kinderlied beschreibt den Traum der schlafenden Kerne, dass sie gerne Weihnachtsäpfel werden möchten.

In einem kleinen Apfel

T: Volksgut / M: nach W.A. Mozart

2. In jedem Stübchen wohnen zwei Kernchen schwarz und fein,
   die liegen drin und träumen vom lieben Sonnenschein.

3. Sie träumen auch noch weiter gar einen schönen Traum,
   wie sie einst werden hängen am lieben Weihnachtsbaum.

● »Harte Schale, weicher Kern, Weihnachtsnüsse ess' ich gern ...« Auch bei einer Nuss gibt es etwas im Verborgenen zu entdecken: Mit Hammer, Nussknacker oder starker Hand können wir Nüsse knacken und Kostproben durchführen. War das eine Erdnuss oder eine Haselnuss? Gehört diese Schale zur Walnuss oder zur Mandel? Aber Vorsicht bei ganz kleinen Kindern: Sie können sich an Nussstückchen verschlucken und sollten Nüsse nur in aller Ruhe mit einem Erwachsenen genießen. – Oder: Warten, bis die Kleinen größer sind.

● Für Kindergarten- oder Schulkinder machen die Überraschungen viel Spaß, die von den Erwachsenen in die Nüsse gefüllt werden: Nachdem die Nuss geknackt und gegessen wurde, kann ein Zettel mit lieben, aufmunternden Worten in die Nuss gelegt und die Nusschalen wieder zusammengeklebt werden.

● Golden angemalt können sie auch den Weihnachtsbaum schmücken.

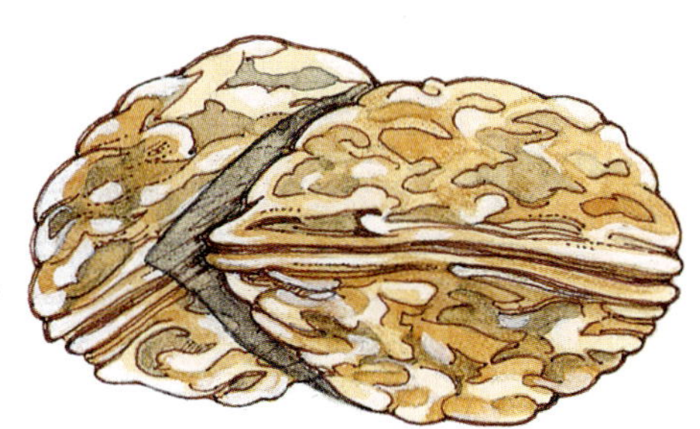

Orangentag im Advent

Wie wäre es mit einem Orangentag im Advent?

Wir schälen eine Orange und essen sie gemeinsam ... Hmm, sie schmeckt süß oder sauer ... Sie ist gesund und gibt uns neue Kräfte.

Die Schalen legen wir auf die Heizkörper, so verbreiten sie einen angenehmen Duft bis sie getrocknet sind.

Wir schneiden eine Orange quer durch und pressen sie aus ... Der Saft wird getrunken und die Schale wird mit einem Teelicht zu einem goldenen Kerzenschein.

In mancher Scheibe einer quer aufgeschnittenen Orange entdecken wir einen Stern; sie wird – getrocknet und mit einem Faden versehen – zum Schmuck am Weihnachtsbaum.

Eine andere Scheibe wird zur Vorlage für ein wunderschönes, selbstgemachtes Mandala.

»Or« bedeutet Gold und so lässt uns die Orange als goldener Schatz die Advents- und Weihnachtszeit mit allen Sinnen erleben.

Licht der Welt

»Ich bin das Licht der Welt«, sagt Jesus.

Johannes 8, 12

Stellen wir am Abend doch einmal eine brennende Kerze auf und machen unser künstliches Licht aus. Wir sehen, wie das kleine Licht den ganzen Raum ausfüllt. Holen wir uns doch etwas von diesem Licht, indem jede und jeder seine eigene Kerze daran anzündet ... je nach Alter der Kinder:

... mit einem Teelicht ...

... mit einem Lichterglas ...

... oder einem Lichterhäuschen ...

Und lassen es heller und wärmer werden in unserer Wohnung und in unserem Herzen. Wenn die Kinder es schaffen, die Augen für einen Moment zu schließen, können wir ein Kerzenlicht vor dem Gesicht bewegen, sie spüren die Wärme und das Licht ...

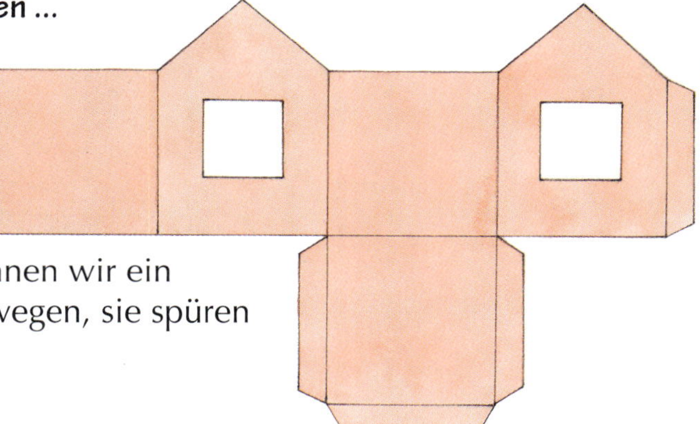

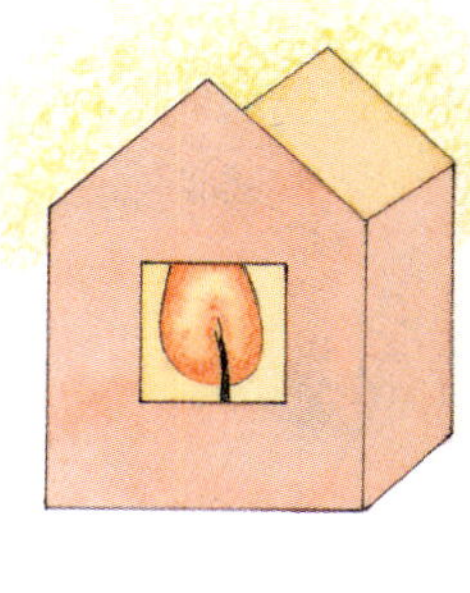

»Ihr seid das Licht der Welt«, spricht Jesus uns zu.

Matthäus 5, 14

Kerzen üben eine Faszination auf Kinder aus: Sie schenken ein besonderes Licht.

Alle Stilleerfahrungen ab Seite 116 eignen sich wunderbar in der Weihnachtszeit. Bei der Übung mit den Glöckchen passt gut das Weihnachtslied:

Kling, Glöckchen, klingelingeling

2. Kling, Glöckchen, klingelingeling,
   kling, Glöckchen kling!
   Mädchen, hört, und Bübchen,
   macht mir auf das Stübchen,
   bring' euch viele Gaben,
   sollt euch dran erlaben.
   Kling, Glöckchen, klingelingeling,
   kling, Glöckchen, kling.

Weihnachtsstern – Wegweiser und Hoffnungszeichen

Es gibt so viele schöne Sterne, die – je nach Alter der Kinder – selbst gebastelt werden können und die Wohnung schmücken.

Wunderschön ist natürlich, den Himmel in einer sternklaren Nacht zu beobachten. Da öffnen sich unsere Sinne, wir träumen ...
Kennen Sie noch die Geschichten der Großmütter, dass Sterne kleine Löcher im Himmel sind, durch die ab und zu kleine Engel zu sehen sind? Warum eigentlich nicht?
Sterne leuchten in der Nacht. Wenn es dunkel ist, werden sie zu Wegweisern ... So wie der Weihnachtsstern Wegweiser und Hoffnungszeichen geworden ist.

Basteln Sie doch einen großen, goldenen Stern und ziehen Sie mit der Familie hinter ihm her. Machen Sie sich spielerisch auf den Weg zu Jesus: durchs ganze Haus ... immer wieder ... bis dann am Weihnachtsabend die Krippe aufgestellt ist und sie ihr Ziel erreicht haben.

Mein Weihnachtsstern, der leuchtet weit

T: Rolf Krenzer / M: Detlev Jöcker
© Menschenkinder Verlag. 48157 Münster

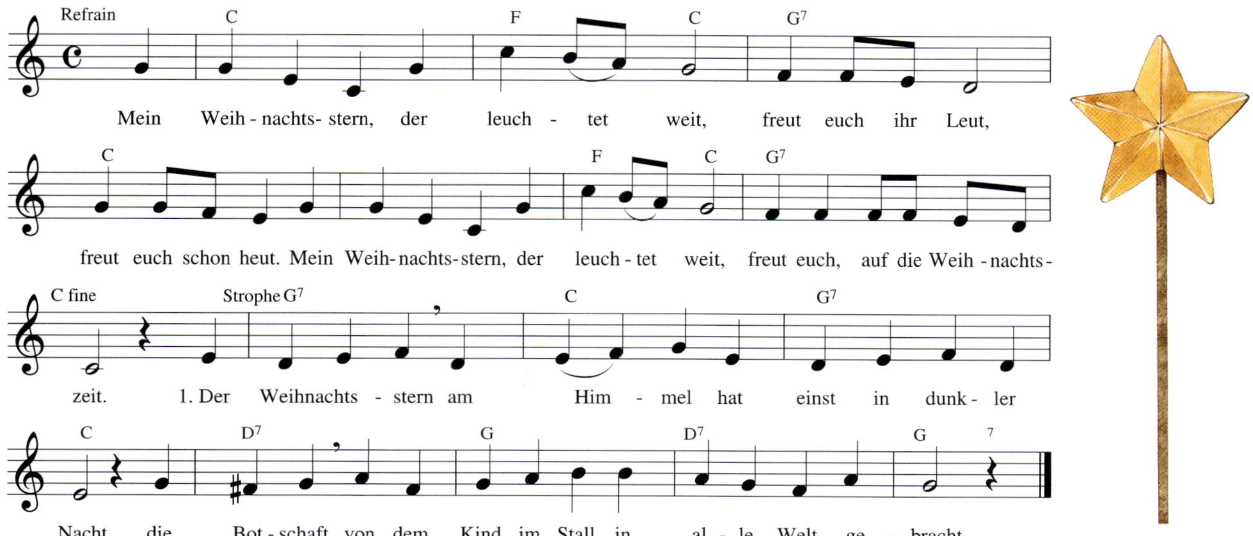

Der Heilige Abend

Nicht die gekauften Spielsachen, sondern das gemeinsame Tun sind die kostbaren Geschenke für uns und unsere Kinder. Es lohnt, sich eine Zeremonie für den Heiligen Abend zu überlegen, bei der alle zu ihrem Recht kommen ...

- Einen schönen Gottesdienst ..., aber nicht zu lange, kindgerecht, am besten einen Familiengottesdienst ... besuchen.
- Ein feines Essen ... aber nicht zu aufwändig, damit der Koch oder die Köchin nicht zu lange in der Küche steht.
- Weihnachtslieder und gute Wünsche unterm Weihnachtsbaum, vielleicht mit einem Familienfoto ... aber nicht zu ausführlich ... die Geschenke warten ...
- Geschenke mit guten Wünschen überreichen und in Ruhe auspacken ... nicht alles aufreißen und achtlos beiseite legen ... Ein Gabentisch für eine kleine »Ausstellung« mit Weihnachtsgeschenken ist hilfreich.

Was würde Ihnen gefallen?

Kleine, feine Rituale für den Weihnachtstag – und vor allem keine zu großen Erwartungen an die Kinder – Kinderstreit richtet sich nicht nach dem Kalender!

Wenn wir uns dann die Zeit nehmen, unsere Gemeinschaft zu genießen, die Freude über die Geburt Jesus bewusst zu machen, unsere Geschenke miteinander ausprobieren und achten, dann kann »Weihnachten« noch länger anhalten ...
Zünden wir doch später einmal eine Kerze an und erzählen uns, was uns an Weihnachten dieses Jahr am besten gefallen hat ...

»Macht die Türen auf, macht die Herzen weit ...«

Fastenzeit

Verzicht, der uns reicher macht

Kurze Zeit nach Weihnachten haben die Schoko-Weihnachtsmänner in den Regalen schon wieder den Osterhasen Platz gemacht. Und die letzten Lichterketten auf den Tannenbäumen in den Gärten gehen schon fast nahtlos in die bunten Eier-Ketten über.

Wir lassen uns keine Zeit mehr. Ein »Event« jagt den nächsten. Abschalten und Durchatmen werden dabei leicht vergessen.

Das Kirchenjahr ist anders aufgebaut. Hier ist Platz für die Zwischenzeiten, die Zeiten ohne große Ereignisse. Die Zeiten zum »Be-sinnen«, in denen wir nach dem Sinn fragen (und dazu unsere Sinne gebrauchen ...) können.
So eine Zeit ist die »Fastenzeit« oder »Passionszeit« (Passion heißt Leiden, wir denken daran, wie Jesus gelitten hat). Eine Zeit, in der wir ganz bewusst darauf verzichten, etwas zu erleben und zu feiern. Zwischen den großen Festen Weihnachten und Ostern liegt also eine Zeit, um Loslassen einzuüben: auf etwas, das uns sonst sehr wichtig vorkommt, verzichten und spüren, wie und ob wir frei davon sind; erleben, was wirklich zählt und trägt im Leben.

Viele Erwachsene verzichten für eine bestimmte Zeit auf Essen. Oder auf Genussmittel, Alkohol, Zigaretten. Oder aufs Fernsehen. Und da können dann auch schon Kinder mitmachen. Und sie erleben, dass es auch ohne geht: ohne Fernsehen; oder ohne Süßigkeiten; ohne Dinge, die uns sonst so unverzichtbar vorkommen.

Wichtig: Nur Freiwilligkeit zählt. Verzicht heißt freiwilliger Verzicht. Besonders wenn Kinder mitmachen. Fasten soll nicht wie eine Strafe erlebt werden, sondern als eine spannende, neue Erfahrung, die uns letztlich nicht ärmer, sondern reicher macht.

Übrigens: Wenn Kinder in der Karwoche auf alle Süßigkeiten und Nascherei verzichten, freuen sie sich umso mehr auf die gefundenen Ostereier!

Ostern

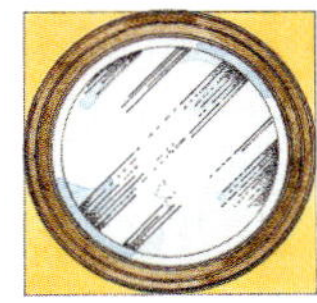

»... Morgen kommt der Osterhase ...«, der kindliche Spottvers fällt mir ein. An den Osterhasen glauben schließlich nur die ganz Kleinen und die Dummen – meinen die gescheiten Großen.

Aber Osternester habe ich auch leidenschaftlich gern gesucht. Die Schüssel mit der »Beute« stand dann wochenlang neben dem Bett und ich konnte mich nach Belieben daraus bedienen. (Ich weiß, ich weiß, schlecht für die Zähne ...).

Fast schon eine Glaubensfrage: Wann werden die Ostereier gesucht: Gründonnerstag? Karfreitag? Oder doch erst am Ostermorgen?

Haben Sie eigentlich gute Erinnerungen an Karfreitag? Oder denken Sie dabei an ernste Gottesdienste mit vielen schwarz gekleideten Erwachsenen, traurige Lieder und Beichte vor dem Abendmahl, das natürlich nur die Erwachsenen feiern durften?

Ist nun Ostern eigentlich ein ernstes Fest (wegen Karfreitag?) oder ein fröhliches Fest (geht es da nicht um »Osterfreude«?)?

Das Ei als Ostersymbol

Wie das Ei zum Osterei wurde

Wer kennt es nicht: das Osterei. Zusammen mit dem Hasen ist es *das* Ostersymbol. Ob Original (gefärbtes Hühnerei) oder Abwandlung (aus Schokolade, Zuckerguss, Marzipan, aus Papier geschnitten oder aus Kunststoff, bunt oder einfarbig, aus Glas, Porzellan oder Edlerem, zum Essen, Aufhängen, Ausschneiden, Aufkleben ... gekauft oder selbstgemacht) ... Eier müssen es sein zu Ostern! Warum eigentlich?

Eine Geschichte erzählt dazu:

Vor langer, langer Zeit lebte die Königstochter Katharina in der großen Stadt Alexandria. Eines Tages besuchte der Kaiser aus Rom die Stadt. Er ließ Katharina zu sich rufen, denn er hatte gehört, dass sie eine Christin war. Sie musste ihm alle Geschichten erzählen, die sie von Jesus wusste.

Katharina erzählte auch, wie Jesus gestorben war, und dass er drei Tage später von den Toten auferstand. Da lachte der Kaiser und sagte: »Das glaube ich dir erst, wenn du aus einem Stein neues Leben erwecken kannst!« Dann schickte er sie nach Hause.

Dort kam Katharina der rettende Gedanke. Sie nahm ein beinahe ausgebrütetes Ei und ging am nächsten Tag zum Kaiser.

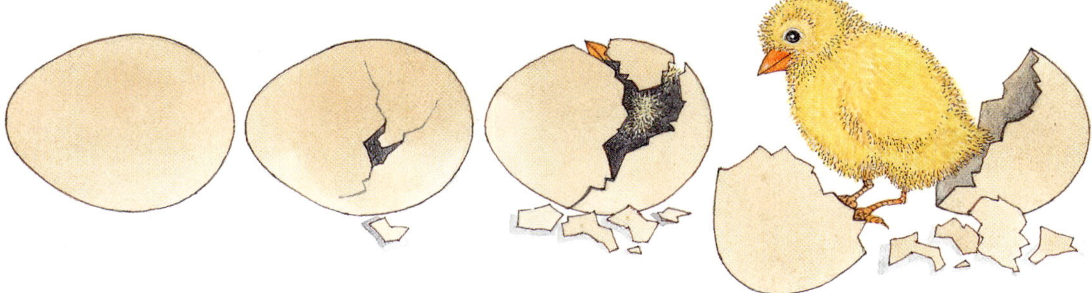

»Na, willst du es versuchen?«, spottete der. Da öffnete Katharina ihre Hand und zeigte ihm das Ei. Genau in diesem Augenblick klopfte das Küken von innen ein Loch in die Schale. Gespannt schaute der Kaiser zu, wie das kleine Tier aus dem Ei schlüpfte.

»Es sah aus wie tot«, sagte Katharina, »und doch ist es lebendig«.
Man erzählte sich, dass der Kaiser sehr nachdenklich geworden ist.

»Und wenn es nicht stimmt, dann ist es doch gut erzählt.« Denn so wird klar, was das Ei mit der Botschaft von Ostern zu tun hat: Es ist ein Zeichen für das Leben, das stärker ist als der Tod. Jesus hat den Tod besiegt. Das Grab konnte ihn nicht festhalten, so wie die Schale des Eis das Küken nicht halten kann.

Übrigens, wenn Sie alle Eier gefunden haben, können Sie sich im Garten, im Wald oder auf der Wiese noch auf eine andere Entdeckungsreise machen. Suchen Sie doch Knospen und grüne Triebe, alles Wiederaufkeimende, was Sie vorher noch gar nicht gesehen haben ... manchmal noch unter alten Blättern versteckt ... Es gibt so viele Boten, die uns an neue Lebenskraft erinnern ...

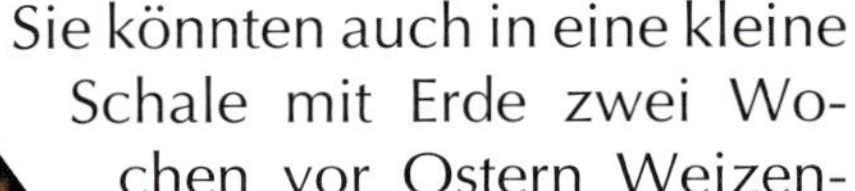

Sie könnten auch in eine kleine Schale mit Erde zwei Wochen vor Ostern Weizenkörner aussäen. Das frische Grün der kleinen Halme wird am Osterfest zum Zeichen der Hoffnung auf Auferstehung.

So wie Jesus selbst über sich gesagt hat: »Das Weizenkorn muss in die Erde fallen und sterben, sonst bleibt es ein einzelnes Korn. Aber wenn es stirbt, bringt es viel Frucht« (Johannes 12,24).

Solch eine Schale gibt übrigens auch ein wunderbares »Osternest« für die Eier beim Osterfrühstück.

Der Osterfrühstückstisch kann besonders gedeckt werden ... Wählen Sie doch einmal Oster-Symbole aus diesem Kapitel dafür aus: Kerze, blühende Zweige, Eier, Hasen ...

Ein Gang durch die Osterwoche für die Eltern

Palmsonntag:
Er hat seinen Namen von den Palmzweigen, die die Leute in Jerusalem begeistert schwenken, als Jesus auf einem Esel in die Stadt reitet. Sie feiern Jesus wie einen neuen König. Das gefällt natürlich den Mächtigen nicht, und sie suchen nach einer Gelegenheit, Jesus festzunehmen.

Gründonnerstag:
Nicht die Farbe grün, sondern das alte deutsche Wort für weinen (»gronan«) gab diesem Tag seinen Namen.
Jesus ist traurig, weil er weiß, dass er sterben würde. Mit seinen Jüngern feiert er das Passafest. Dabei nimmt er das Brot, teilt es mit seinen Freunden und sagt: »Das ist mein Leib, der für euch gegeben wird.« Dann nimmt er den Becher mit Wein und sagt: »Das ist mein Blut, das ich für euch vergieße. Immer wenn ihr von jetzt an Brot und Wein miteinander teilt, sollt ihr wissen: Ich bin bei euch!« Dann geht er in den Garten Gethsemane, um zu beten. Dort wird er verhaftet.

Karfreitag:
Wieder ein altes Wort: »Kar« bedeutet »Leid« oder »Sorge«.
Noch in der Nacht wird Jesus vom Hohen Priester verhört. Weil er nicht bestreitet, der Sohn Gottes zu sein, wird er wegen Gotteslästerung verurteilt und der römischen Besatzungsmacht übergeben. Vom Statthalter Pilatus wird er als Staatsfeind (»der König der Juden«) zum Tod am Kreuz verurteilt. Das war damals die schändlichste und grausamste Todesart. Mit zwei Verbrechern wird er außerhalb der Stadt auf dem Hügel »Gol-

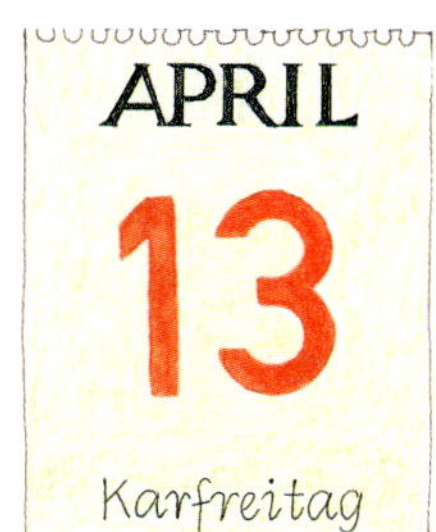

gatha« gekreuzigt. Als er stirbt, heißt es, dass sich eine Finsternis auf die Erde senkte und der Vorhang vor dem Allerheiligsten im Tempel zerriss. Jesus schreit: »Mein Gott, mein Gott, warum hast du mich verlassen?« – Dann ist er tot. Noch vor dem Abend legen ihn seine Freunde und Freundinnen in ein Felsengrab, das mit einem großen Stein verschlossen wird.

Karsamstag:
Das ist der Tag der »Grabesruhe«. Die Kirchenglocken schweigen, auf dem Altar ist kein Schmuck, nur ein schwarzes Tuch. Bilder und Kreuze werden verhüllt: alles Zeichen der Trauer über den Tod Jesu.

Ostersonntag:
Am Morgen des dritten Tages finden die Frauen, die den toten Jesus einbalsamieren wollen, nur noch ein leeres Grab. Ein Engel sagt ihnen: »Fürchtet euch nicht! Ihr sucht Jesus, den Gekreuzigten. Er ist auferstanden, er ist nicht hier!«
Der Tod ist nicht das Ende. Jesus lebt, und wir sollen auch leben. Darum ist Ostern ein Fest der Befreiung und der Freude.

Früher ein guter Brauch: Das »Ostergelächter«. Weil Ostern ein fröhliches Fest ist, erzählten die Pfarrer in der Osterpredigt Witze, um die Menschen zum Lachen zu bringen.
Wer erzählt beim Osterfrühstück den besten Witz?

Die Osterkrippe

Weihnachtskrippen machen die Geschichte von Weihnachten im wahrsten Sinne des Wortes anschaulich. Kinder lieben es, mit den Krippenfiguren die Geschichte nachzuspielen (und auch weiterzudichten). Warum gibt es so etwas eigentlich nicht für Ostern?
Gibt es nicht? Gibt es doch!
Gestatten Sie, dass wir vorstellen: Die Osterkrippe

Natürlich kommt keine »Krippe« darin vor, denn Jesus ist bei diesen Geschichten ja auch kein Baby mehr. Dafür sehen wir die Stadtmauer von Jerusalem mit der Straße, auf der Jesus in die Stadt einzog, das Kreuz auf Golgatha, das Felsengrab. Mit dieser »Krippe« kann man die ganze Geschichte der Osterwoche nachstellen. Im Begleitheft werden viele Tipps und praktische Anregungen gegeben, wie Familien kleine Feiern in diesen Tagen gestalten können. Mit Gebeten, Liedern und symbolischen Handlungen kann so das Osterereignis nachempfunden werden. Es wird »anschaulich« – nicht nur für Kinder.

Das wäre doch eine schöne Anschaffung für Kindergarten, Kirchengemeinde, Bücherei ... oder auch für zu Hause.

Mit Kindern über den Tod sprechen

Der Tod ist uns fremd geworden. Wir umgeben ihn mit einer merkwürdigen Scheu, halten uns selbst und vor allem unsere Kinder von ihm fern. »Das kann man den Kindern doch nicht zumuten«, heißt es. Und darum dürfen sie beispielsweise nicht mit zur Beerdigung vom Opa. Dabei wäre es so wichtig, dass sie auch Abschied nehmen können. (Eine Umfrage hat ergeben, dass zwei Drittel aller Kinder glauben, dass man durch einen gewaltsamen Tod stirbt – was sicherlich auf die Eindrücke aus dem Fernsehen zurückzuführen ist. Kaum ein Kind erlebt heute noch, dass alte oder kranke Menschen zu Hause sterben ...)

Vielleicht hält uns vor allem unsere eigene Unsicherheit und Ratlosigkeit davon ab, mit Kindern über den Tod zu sprechen. Wir haben es selber verlernt, dass der Tod zum Leben dazugehört; dass Leid und Traurigkeit zu den menschlichen Grunderfahrungen zählen, genauso wie Freude und Liebe. Wenn wir nicht lernen, mit ihnen umzugehen, werden sie uns um so heftiger überfallen.

Ostern bringt beides zusammen: Tod und Leben, Traurigkeit und Jubel, Karfreitag und die Osternacht. Das eine nicht ohne das andere. Karfreitag ohne Ostern wäre hoffnungslos. Osterfreude ohne die Erfahrung der Trauer wäre flach.

Kinder fragen nach dem Tod. Irgendwann. Wenn die Oma stirbt. Oder wenn der Vater einer Nachbarsfamilie bei einem Unfall ums Leben kommt. Oder wenn das Meerschweinchen an einer Krankheit eingeht. Kinder fragen:
»Warum ist Oma tot?«
»Wo ist sie jetzt?«
»Muss ich auch sterben?«

Sie fragen uns. Und sie brauchen eine Antwort. Keine billige Vertröstung. Und auch keine fertigen »religiösen« Antworten. Sie brauchen unsere Antwort ... auch wenn es ein »Ich weiß es nicht!« oder ein »Ich wünsche mir, dass ...« ist. Sie brauchen unsere Ehrlichkeit. Auch unsere Trauer. Und vor allem unsere Hoffnung, das Vertrauen: Der Tod ist nicht das Ende. Auf uns wartet das Leben in Gottes neuer Welt. Nach dem Dunkel des Todes wird uns das Licht der Liebe Gottes aufgehen.

Das Licht der Osterkerze

Neben dem Hasen (als Lebensbringer, er bringt als erstes Tier seine Jungen im Frühjahr zur Welt) und dem Ei (als Zeichen für das Leben) spielt an Ostern das Licht, die Osterkerze, eine große Rolle.

Am Ostermorgen oder in einem festlichen Ritual während der Osternachtfeier, wenn es noch ganz dunkel in der Kirche ist, wird die große Osterkerze angezündet, zum Zeichen, dass Jesus auferstanden ist und lebt und Licht der Welt ist. Etwas von diesem Licht können wir mit einer kleinen Osterkerze mit nach Hause nehmen.

Wir können auch eine Osterkerze selbst gestalten. Symbole, die uns an Ostern wichtig sind, werden aus Wachsfolien ausgeschnitten und auf eine Kerze gedrückt, die unseren Ostertisch schmückt – oder immer angezündet wird, wenn etwas »Licht und Freude ins Dunkle« kommen soll.

Die Osterbotschaft ist oft schon für uns Erwachsene schwer verständlich ... für Kinder erst recht ... Hier dürfen wir also getrost die Symbole für sich sprechen lassen – ohne große Erklärungen und lange Geschichten. Für die Osterzeit gibt es auch – abgesehen von den Frühlingsliedern – wenig geeignete Lieder für ganz kleine

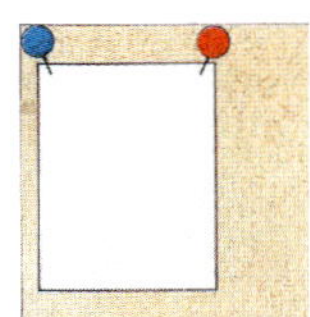

Kinder ... Johannes Oeters hat für unser Buch eines geschrieben, das leicht ins Ohr geht und das Symbol des Lichtes aufgreift ...

Ein wunderschöner, bunter Schmetterling

Die Geschichte von der Raupe, die sich in denSchmetterling verwandelt, passt wunderschön in die Frühlings- und Osterzeit ..., hier mit einer kleinen Erzählhilfe:

Ich erzähle Dir von einer Raupe ... *(ein grüner Socken wird über die Hand gezogen).*
Die Raupe liebt Blätter, saftige, grüne Blätter *(Raupe frisst Salatblätter).*
Sie frisst jeden Tag viele Blätter und wird immer dicker und dicker. Eines Tages denkt sich die Raupe, ach, ich bin so müde, ich mag nicht immer nur fressen, fressen, fressen ... Ich spüre, in mir steckt noch etwas ganz anderes. Ich weiß nicht, was. Da ist aber noch etwas.
Und die Raupe sucht sich einen guten Platz, um sich auszuruhen. *(Die Raupe legt sich auf ein braunes Tuch – Socken ausziehen und hinlegen.)*
Damit ich noch besser spüren kann, was in mir steckt, brauche ich viel Ruhe, ich brauche einen Platz ganz für mich allein ... Und sie beginnt, sich einzuspinnen, einen Kokon zu bauen. *(Grünen Socken in das braune Tuch einwickeln.)*
Sie spinnt ihre Hülle ganz eng um sich herum. Sie spürt, wie eng die Hülle ist. Die Raupe ist fest eingeschlossen. Nichts an ihr kann sich mehr bewegen.
So eingeschlossen lebt die Raupe ein paar Tage. Eines Morgens fühlt die Raupe etwas Sonderbares: Es wird ihr plötzlich warm und die Hülle, die ist ja viel zu eng. Sie bewegt ihren Kopf und ihre Füße. Aber was war das?
Sie öffnet ihre Augen und es ist auf einmal alles ganz hell geworden. Ihre Hülle ist eingerissen und jetzt ist es ihr nicht mehr zu eng. Die Raupe probiert, ob sie sich noch mehr bewegen kann. Sie streckt sich und nun fällt die Hülle ab. *(Aus dem eingerollten braunen Tuch langsam einen vorbereiteten und vorher im braunen Tuch mit eingerollten Schmetterling aus Seidentüchern und Pfeifenputzern herausziehen.)*
Aah, die Sonne tut gut. Ich fühle mich wie verwandelt, so leicht. – Sie hat Flügel bekommen! Sie streckt sich und breitet erst den einen und dann den anderen Flügel aus. Sie ist keine Raupe mehr. Sie hat sich in einen wunderschönen, bunten Schmetterling verwandelt.

Pfingsten

Christkind und Osterhase, die kennt jedes Kind. Aber wer »kommt« eigentlich an Pfingsten?

Was haben Sie am letzten Pfingstfest gemacht?
Einen Ausflug? Richtig Urlaub?
Eigentlich nichts Besonderes?

Pfingsten, da fällt mir Goethe ein: »Pfingsten, das liebliche Fest war gekommen ...« Warum dieses Fest wohl »lieblich« ist?

Pfingsten, das ist vor allem wegen der Ferien bzw. der arbeitsfreien Tage bekannt. Wie immer sonntags wird auch am Pfingstsonntag Gottesdienst gefeiert. Wegen der vielen Ausflügler sind aber eher weniger Menschen als sonst in der Kirche. Dabei ist das ein besonderer Gottesdienst. Die Kirche feiert nämlich Geburtstag! Vor fast 2000 Jahren wurde an Pfingsten die Kirche »geboren«. Wie ein richtiges Menschenkind hat sie selbst dazu wenig beigetragen. *Gott* hat etwas getan. Er hat die Jünger, die gerade von Jesus verlassen worden waren, regelrecht be-geis-tert. Aus ängstlichen, zurückgezogenen Jesus-Anhängern wurden so mutige und beherzte Missionare, die den Glauben in der ganzen Welt verbreiteten. Seit dieser Zeit gibt es die christliche Kirche. Und dass es sie immer noch gibt, trotz aller ihrer Fehler, das ist auch ein Grund zum Feiern an Pfingsten.

Was geschah eigentlich an Pfingsten?

Der auferstandene Jesus hatte seine Jünger verlassen. Man feierte das jüdische Erntedankfest.

(Es waren inzwischen seit Ostern fünfzig Tage vergangen. Das griechische Wort für »der fünfzigste« (Tag) ist »pentekostä«. Daraus wurde »Pfingsten«.)

Die Jünger waren in Jerusalem versammelt. Plötzlich wurde das Haus, in dem sie waren, von einem Brausen erfüllt. Es klang wie ein starker Wind. Außerdem erschien ein helles Licht. Es sah so aus, als ob es sich wie eine Feuerflamme auf jedem von ihnen niederließ. Und die Jünger fingen an, zu den Menschen um sie herum zu reden. Sie erzählten von Jesus, und jeder der Zuhörer hörte sie dabei in seiner Muttersprache. Alles das war erstaunlich und wundersam. Aber das größte Wunder war vielleicht, dass die Jünger jetzt den Mut hatten, von Jesus zu erzählen, auch wenn viele noch spotteten oder sie dafür anfeindeten.

Dreitausend Menschen sollen an diesem Tag getauft worden sein.

Diese erste christliche Gemeinde lebte wie »ein Herz und eine Seele« zusammen. Sie verkauften alles und teilten den Erlös miteinander. Und jeden Tag kamen neue Menschen dazu.

(Diese Geschichte steht in der Bibel: Apostelgeschichte, Kapitel 2)

Nun gut – dass die Kirche an Pfingsten Geburtstag feiert, das kann man Kindern ja ganz leicht erklären. Aber wie ist das mit Gottes Geist, der dabei die Jünger »erfüllte«?

Wie immer helfen Symbole, eine Sache zu »begreifen«.

Pfingst-Symbol »Wind«

Spürst du den Wind?

Woher kommt er?

Und wohin geht er?

Wir wissen es nicht. Aber wir spüren den Wind. Er bewegt die Blätter in den Bäumen. Und wenn er stark weht, kann er auch Menschen bewegen und vorwärtstreiben. Auch Gott können wir nicht sehen. Aber wir können sehen, wie Menschen von ihm in ihrem Herzen bewegt werden, Gutes zu tun. Und wir können ihn in uns selber spüren. Vielleicht ist unser Atem auch so ein kleiner Wind von Gott in uns ... Und: Auch wenn wir den Atem nicht sehen, ist er da. Und wie! Wer könnte ohne ihn sein?

Das Kind und der Wind

Immer in Bewegung
sind Kind und Wind.
Sie sausen durch Gassen,
um Ecken geschwind,
sie rütteln an Ästen
und rascheln im Laub,
sie wirbeln viel Sand auf
und manchmal auch Staub.

Das Kind und der Wind.

Sie säuseln und heulen,
sie singen und lachen,
sie rütteln an Regeln
und spielen mit Drachen.
Sie pusten und pfeifen,
sie kommen, sie geh'n
und manchmal – da bleiben
sie ganz stille stehn.

Das Kind und der Wind.

Denn wie ein Kind, das staunen kann,
hält auch der Wind den Atem an.
Was wär' die Erde ohne Wind,
und wie bewegend ist ein Kind?

Karin Schaffner

Pfingst-Symbol »blühender Zweig«

Ich betrachte einen blühenden Zweig im Garten.
Vor einigen Wochen noch war er wie tot.
Die Knospen fest geschlossen und hart.
Kein Leben hat sich geregt.

Was hat ihn so verändert,
dass er jetzt so farbig leuchtet?
Welche Kraft bringt die Blüten und Früchte
aus ihm heraus?

Manchmal bin ich
selbst hart und
verschlossen.

Aber dann kann ich auch wieder
»aufblühen«. Nämlich dann,
wenn ich spüre, dass ich geliebt
werde und selber lieben kann.
Die Liebe ist eine Kraft,
die verändert. Die lebendig und
fruchtbar macht. Auch wenn ich
sie nicht sehen kann. Wie Gott.

Geh aus mein Herz und suche Freud

Schon wenn wir die Gelegenheit haben,
einer Pfingstrose beim Wachsen zuzusehen,
verinnerlichen wir, wie aus einer kleinen Knospe
eine große, farbenprächtige Blume wird.

Vielleicht wollen Sie auch ein Pfingstrosenbrot für das Pfingstfest backen. Ein Hefeteig wird zu einem Rechteck ausgerollt, davon werden ca. 20 Streifen mit zwei bis drei Zentimetern geschnitten. Diese werden mit Milch oder einer roten, festen Marmelade bestrichen, zusammengerollt und wie eine Rose zusammengesetzt:

Das ganze nochmal mit Milch bestreichen und im Ofen goldbraun backen.

Pfingst-Symbol »Feuer«

Wir sitzen um ein Lagerfeuer. Wir spüren die Wärme, die es verbreitet. Wir rücken zusammen und sind froh, dass wir Wärme und Licht gegen Dunkelheit und Kälte haben. Wenn es in mir dunkel ist, wenn ich Angst habe und mich allein fühle, dann kann ich zu Gott gehen. Wie an einem Feuer wird mir dann warm und hell.

Eigentlich ist es ein guter Brauch, an Pfingsten »auszufliegen«, einen Spaziergang zu machen und das herrliche Wachsen und Blühen in der Natur in sich hineinströmen zu lassen. Dabei können wir etwas spüren von der liebevollen, kraftvollen und überströmenden Liebe des Schöpfers.

»Geh aus mein Herz und suche Freud in dieser lieben Sommerzeit ...«

heißt es in einem Kirchenlied (Evang. Gesangbuch, 503) – und auch wenn uns die Sprache der alten Kirchenlieder oft fremd ist (dieser Text hier stammt immerhin von 1653!), könnte dieses Lied uns anstecken, wenn von der Freude über Gottes wunderbare Gaben gesungen wird.
Die Besonderheit bei unserem Ausflug könnte sein, dass wir uns an einem schönen Plätzchen die Zeit nehmen, bei einer Rast gemeinsam ein schon vertrautes Spiel (zum Beispiel »Ringel-Ringel-Reihen«) zu genießen oder ein neues Spiel zu entdecken ...

Auch ein (Kurz-) Urlaub ist eine gute Gelegenheit, »aufzuatmen« und Zeit zu haben füreinander. Denn Pfingsten hat ja ganz viel mit Gemeinschaft zu tun. Und den Geist der Liebe kann ich alleine nicht so recht genießen.

Natürlich könnte Pfingsten ein guter Anstoß sein, auch in der Kirchengemeinde Gemeinschaft zu erleben. Vielleicht lässt sich ja ein ganz untraditioneller, fröhlich-bunter Familiengottesdienst einrichten? Warum nicht den Pfingstmontag dadurch aufwerten? Wetten, dass Ihr Pfarrer oder Ihre Pfarrerin froh ist, wenn sie anbieten, dabei mitzumachen?

Halleluja verbindet

 An Pfingsten hörte in Jerusalem jeder seine eigene Sprache. Das bedeutet: Gott verbindet uns Menschen über alle Grenzen hinweg. Dazu gibt es eine wunderbare Geschichte von Gudrun Pausewang:

Halleluja

Hannahs Mutter singt im Kirchenchor mit. Manchmal übt sie ihre Lieder auch zu Hause. Hannah hört andächtig zu. Sie kann die Worte nicht verstehen, aber es klingt so schön, wenn die Mutter singt. *Ein* Wort singt die Mutter immer wieder. Es kommt in vielen Liedern vor. Es heißt HALLELUJA. »Was heißt Halleluja?«, fragt Hannah. »Es heißt: »Lieber Gott, ich liebe dich und lobe dich und ehre dich«, sagt die Mutter. »Deshalb kommt es so oft vor.«

»Wissen denn auch die Leute, die Euch zuhören, was es heißt?«, fragt Hannah. »Natürlich«, sagt die Mutter. »Das wissen nicht nur die Leute in unserem Land. Das wissen auch die Leute, die in Frankreich und England und Italien und Spanien und Russland und Amerika und in vielen anderen Ländern leben. Sie singen und sprechen es, wenn sie den lieben Gott loben und ehren wollen.« »Halleluja«, sagt Hannah. »Halleluja«, singt sie. »Ein schönes Wort«, meint sie.

Ein paar Tage später kommt Besuch aus Amerika. Hannah und Vater und Mutter fahren auf den Flughafen, um Tante Milly und Onkel Jeff abzuholen. Sie müssen lange warten. Das Flugzeug hat sich verspätet. Hannah hat viel Zeit, um sich umzuschauen. Was für ein Trubel! So viele Leute gehen in der Halle hin und her, steigen Treppen hinauf und hinunter, warten an den Schaltern, sitzen und stehen herum.

Hannah schaut die Leute an. Manche sehen merkwürdig aus. Sie haben braune Gesichter, oder schiefe Augen oder ganz krauses Haar. Manche Leute haben komische Kleider an und seltsame Mützen und Hüte auf. Hannah hört ihnen zu. Aber viele von ihnen sprechen so, dass Hannah sie nicht verstehen kann. Sie sprechen fremde Sprachen.

Aber HALLELUJA verstehen sie, denkt Hannah. Sie schaut eine junge Frau an, die langes schwarzes Haar und eine braune Haut hat. »Halleluja«, sagt Hannah erwartungsvoll zu ihr. Die junge Frau lächelt ihr zu und antwortet ihr: »Halleluja.« Da freut sich Hannah und geht weiter. Zwei Männer sitzen auf einer Bank und reden miteinander in einer fremden Sprache. Die Männer haben krauses Haar und Schnurrbärte und weiße Anzüge.
»Halleluja!«, sagt Hannah laut. Die beiden Männer hören auf zu reden. Sie lachen. Sie nicken Hannah zu und sagen »Halleluja«. Hannah strahlt. Sie denkt: Wenn ich HALLELUJA sage, verstehen sie mich. Es ist wie ein Zauberwort.

»HALLELUJA, HALLELUJA!«, ruft sie allen zu. Sie läuft durch die Halle und jubelt »HALLELUJA, HALLELUJA!«.

»Psst, Hannah»-, mahnt die Mutter. Aber die Leute freuen sich. Viele drehen sich nach Hannah um, lächeln und nicken und winken ihr zu, und manche rufen »Halleluja« zurück. Ein dicker Mann fängt sogar an zu singen. Er singt auch so wie die Mutter im Kirchenchor. Er singt dreimal »Halleluja«, dann fängt er an zu lachen und schenkt Hannah ein Stück Schokolade. Hannah staunt. Wie freundlich die Leute von diesem Wort werden!

Später, als Tante Milly und Onkel Jeff schon angekommen sind und mit Vater und Mutter und Hannah durch die Halle zum Ausgang gehen, winkt eine Frau und ruft: »Halleluja!«

»Sie meint sicher dich«, sagt der Vater zu Hannah. »Halleluja!«, ruft ihr Hannah zu und winkt zurück. Tante Milly und Onkel Jeff wundern sich. »Ist das ein Gruß?«, fragen sie. »Es ist Hannah's Gruß«, erklärt die Mutter.
»Wirklich ein schöner Gruß, viel schöner als GUTEN TAG oder AUF WIEDERSEHEN. Versuch doch mal, Hannah, ob du den Menschen deinen neuen Gruß angewöhnen kannst.« »Ja«, sagt Hannah ernst, »ich will's versuchen.«

Es gibt noch sehr interessante und vielsagende Tage im Jahr zu entdecken. Auf eine besondere Art und Weise gehen Sie mit dem Buch »Die Heilkraft der Feste. Der Jahreskreis als Lebenshilfe« durch das Kirchenjahr: eine bewegende Begleitung für uns Erwachsene von dem Theologen und Psychologen Hans Gerhard Behringer (vgl. Seite 197).

Im Jahresbeutel entdeckt die ganze Familie Erinnerungen des zurückliegenden Jahres ..., eine Zugfahrkarte vom Ausflug ..., eine Muschel aus dem Urlaub ...

MIT KINDERN IN DER KIRCHENGEMEINDE

»Wir singen alle hallelu ...«

Wenn Sie sich Ihren Familienalltag und Ihren Freundes- oder Bekannten-
kreis anschauen ...,
wenn Sie sich Ihre Interessen und Bedürfnisse anschauen ...:
Passt das zusammen? Sind Sie zufrieden?
Was ist Ihnen wichtig im Zusammenhang mit Ihrem Kind oder Ihren Kindern bzw. Ihrer
Familie? Was brauchen Sie?

Es tut sehr gut, mit »Gleichgesinn-
ten«, gemeint sind Mütter
oder Väter in der glei-
chen Familiensituation oder Lebenslage, mit ähnlichen Interessen
oder Bedürfnissen , zusammenzukommen, sich auszutau-
schen und gemeinsam et-
was zu unternehmen.

Wo liegt Ihr Interesse?

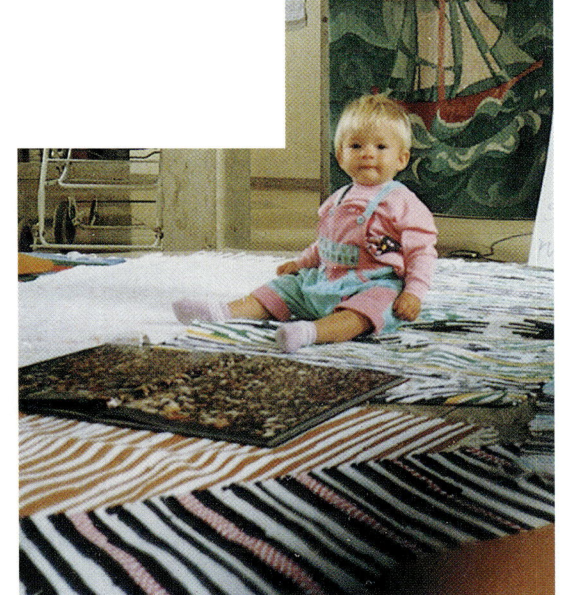

Wenn Sie Lust haben, aktiv zu werden ... gerade im Hinblick auf gemeinschaftliche Erlebnisse oder Treffen, die Sie für Ihren Familienalltag stärken, dann tun Sie es! An der Institution Kirche gibt es von verschiedenen Seiten immer wieder Kritik. Oft berechtigt. Für uns ist die Kirchengemeinde aber immer noch der Ort, an dem Gemeinschaft gelebt werden kann. Hier ist Platz für persönliches und individuelles Engagement. Nur Mut! Suchen Sie sich Gleichgesinnte und stellen Sie Ihr Anliegen vor. Es gibt in jeder Gemeinde mehrere Verantwortliche in Leitungsfunktionen. Suchen Sie das »offene Ohr« und dann schließlich die »offene Tür«!

Mutter- oder Eltern-Kind-Gruppe

Wenn Sie eine Gruppe für sich und Ihr Kind, vielleicht auch als alleinerziehende Mutter oder alleinerziehender Vater besuchen möchten, können Sie sich erkundigen, ob es bereits eine entsprechende Gruppe an Ihrem Ort gibt ... vielleicht möchten Sie auch eine Gruppe nach Ihren Bedürfnissen gründen. Eine Einladung könnte so aussehen:

Mutter mit Kind

sucht die Möglichkeit, sich zu treffen und auszutauschen ... mit anderen Müttern, mit ihren Kindern. Wir könnten zusammen reden über Gott und die Welt, gemeinsam Spazierengehen und vielleicht eine Gruppe gründen ...

Erstes Treffen:
Mittwoch, 3. Oktober
im Pfarrheim
Name, Telefon und Adresse

Das kann ein Handzettel in DIN A 5 Format sein, der an Mütter verteilt wird, oder aber ein Plakat DIN A 4, das in ein paar Geschäfte am Ort aufgehängt wird. Vielleicht haben Sie auch Zugang zu einem Gemeindeanzeiger, Monatsblatt oder ähnlichem. Falls sich vorerst kein öffentlicher Raum (z.B. Kirche, Gemeinde, Rotes Kreuz usw.) finden lässt, beginnen Sie mutig bei sich zu Hause, bis die Raumfrage geklärt ist.

Wertvolle Tipps für die Gründung und Gestaltung von Gruppen erhalten Sie im Buch »Treffpunkt Krabbelgruppe. Eine Ideenbörse für Eltern mit kleinen Kindern« oder anderer Fachliteratur (vgl. Literaturverzeichnis: Seite 197).

Kindergarten-Stammtisch

Wenn Sie das Bedürfnis haben, sich mit den Müttern und Vätern einmal zu treffen, die Sie sonst nur immer zwischen Tür und Angel im Kindergarten sehen, regen Sie doch einen Elternstammtisch an. Das hat sich wirklich bewährt. So kann Kennenlernen und Austausch in einer lockeren Atmosphäre stattfinden und viele anstehenden Dinge – aus dem Kindergarten und privat, von der bevorstehenden Schule oder über Gott und die Welt – besprochen werden.

Die Einladung kann als Handzettel (DIN A 5) den Kindergarten-Eltern über den Kindergarten mit nach Hause gegeben werden. Wichtig ist, dass der Kindergarten-Stammtisch keine Tratschrunde wird, sondern ein Kreis, der liebevoll und konstruktiv auch mit problematischen Themen umgeht. Und: Das geht!

Thematischer Elternabend

Wenn Sie Interesse an einem besonderen Thema haben, das mit Ihrer Person oder Ihrer Familiensituation zusammenhängt, haben Sie doch den Mut, »Gleichgesinnte« zu suchen. Themen gibt es genug:

- Gesunde Ernährung bei Kleinkindern
- Kindererziehung – eine Herausforderung
- Fernseher und Computer – Gewinn oder Gefahr?
- Kinder fragen nach Gott
- Kinder stark machen
- Neues Steuerrecht für Familien ...

Mein Kind ist im Kindergarten! Ihres auch?

Unsere Kinder treffen sich jeden Tag im Kindergarten. Treffen wir uns doch 1 x im Monat im Gasthaus Sonnentor ... zum Kennenlernen und gemütlichen Beisammensein.

Kindergarten-Stammtisch:
Dienstag ab 20 Uhr

Name, Telefonnummer

Sie können, aber Sie müssen ja nicht alles alleine machen. Es gibt überall Erwachsenenbildungswerke, Volkshochschulen oder Kirchengemeinden, die Ihnen bei der Auswahl einer Referentin oder eines Referenten behilflich sind, die Sie über Kosten und Organisation informieren können. Wenn Sie einmal angefangen haben nachzufragen, kommen Sie bald an die wichtigen Informationen. Falls Sie gar keine Idee haben, können Sie eine »Checkliste« für die Organisation eines Abends mit einer Referentin bzw. einem Referenten beim Evangelischen Bildungswerk Schweinfurt, Graben 10, 97421 Schweinfurt anfordern.

Vielleicht fangen Sie auch mit einem Austauschabend zu einem bestimmten Thema an und laden als Ergebnis dieses ersten Abends dann eine kompetente Person ein. Nur Mut!

Fest

Was gibt es Schöneres, als mit lieben Menschen ein Fest zu feiern. Vielleicht kann dieses Fest auch wieder ein Anstoß sein, öfter zusammenzukommen, sich gegenseitig wahrzunehmen und zu stärken ...

Für ein Fest mit Kindern bietet sich natürlich die schöne Jahreszeit an ...

Ein nahe gelegener Wald lädt immer zum Spielen oder zu einem Fest ein. Mit ein paar Spielideen und einer Brotzeit im Gepäck kann das ein eindrucksvoller Tag für Kinder werden.

- Anschleichen im Laub,
- Zapfenwerfen,
- Waldgeräusche wahrnehmen oder vielleicht sogar
- die Suche nach einem verborgenen Schatz lassen die Kinder Erfahrungen mit allen Sinnen machen.
- Wer hat den schon mal einen Baum als seinen Freund umarmt und gelauscht, welche Worte der Baum gerade zuflüstert?

Dass ein Tag im Wald zu einem Fest wird, erfahren alle, die sich auf dieses Abenteuer einlassen – ohne hektische Vorbereitungen, ohne gekaufte Materialien – vielleicht mit ein paar alten Indianerweisheiten ...
Einige Biertischgarnituren und Getränke lassen sich vielleicht mit dem Auto transportieren. Vielleicht organisieren Jugendliche am Ort gerne eine Schatzsuche? Vielleicht kommt auch ein Jäger vorbei und erzählt etwas von den Tieren? Vielleicht, vielleicht ...?
Nachfragen, anrufen, sich informieren!

Jesus und die Kinder

 **»Einige Leute brachten Kinder zu Jesus, damit er ihnen die Hände auflegte, aber die Jünger wiesen sie ab.«**

So erzählt es der Evangelist Markus vor fast zweitausend Jahren. Das ist also ein uraltes Problem: Immer wieder mussten und müssen Eltern die Erfahrung machen, dass Kinder in der Kirche, vor allem im Gottesdienst, nicht unbedingt willkommen sind. Getauft werden sollen sie schon, aber dann ist erst mal wieder Schluss. Erst zur Vorbereitung auf die Erstkommunion oder auf die Konfirmation wird erwartet, dass sie (möglichst regelmäßig) am Gottesdienst teilnehmen. Wen wundert es, dass dieser Gottesdienst den Kindern und Jugendlichen dann wie eine völlig unbekannte und unverständliche Veranstaltung vorkommt.

Dabei hat Jesus selbst die Sache von Anfang an klargestellt:

»Als Jesus es bemerkte, wurde er zornig und sagte zu seinen Jüngern: Lasst die Kinder doch zu mir kommen und hindert sie nicht, denn gerade für sie steht die neue Welt Gottes offen.«

Kinder gehören in die Kirche. Sie ganz besonders. Es ist Unsinn, Kinder zu taufen und sie dann außen vor zu lassen. Mit der Taufe gehören sie zur Gemeinde, und zwar so wie sie sind. Sie haben das Recht, dabei zu sein.

Mehr als das, sie sind wichtig:

»Täuscht euch nicht«, sagt Jesus, »wer sich der Liebe Gottes nicht wie ein Kind öffnet, wird sie niemals erfahren.«

(Die Geschichte von Jesus und den Kindern steht im Markus-Evangelium im zehnten Kapitel. Hier ist sie in der Übersetzung »Die gute Nachricht« wiedergegeben.)

Kinder gehören in die Kirche

Kinder gehören in die Kirche. Trotzdem werden sich Kinder nicht in jeder Veranstaltung, nicht in jedem Gottesdienst wohl fühlen, denn nicht alles kann kindgerecht gestaltet werden. Auch die Erwachsenen, die Stille und Konzentration suchen, müssen zu ihrem Recht kommen. Eine kinderfreundliche Kirchengemeinde wird deshalb viele Gottesdienste anbieten: Krabbelgottesdienste, Kindergottesdienste, Teeny-Gottesdienste, und auf der anderen Seite auch Predigtgottesdienste, meditative Andachten ... Der Phantasie sind keine Grenzen gesetzt. Und gut ist, wenn dann an besonderen Tagen immer wieder Familiengottesdienste gefeiert werden, in denen jeder dabei sein kann und sich wohl fühlen kann.

Und der »ganz normale« Gottesdienst am Sonntagmorgen? Der muss nicht gleich total umgekrempelt werden. Aber die Verantwortlichen für diesen Gottesdienst, Priester, Pfarrerinnen und Pfarrer, Kirchenvorsteherinnen und Kirchenvorsteher, Lektorinnen und Lektoren, Mesnerinnen und Mesner tun gut daran, alle Liebe und Mühe zu investieren, dass auch hier die Menschen, junge wie alte, sich angesprochen fühlen. Und die Gemeinde kann zeigen, dass auch Eltern mit Kindern hier willkommen sind, selbst wenn das ein bisschen Unruhe in die Kirche bringt.

Wir singen alle Hallelu

T: Rolf Krenzer / M: aus Finnland / © Verlag E. Kaufmann, Lahr

Wir tanzen
alle Hallelu ...
Wir klatschen alle Hallelu ...
Wir schnalzen alle Hallelu ...
Wir stampfen alle Hallelu ...
Wir patschen alle Hallelu ...
Wir pfeifen alle Hallelu ...

Krabbel- und Familiengottesdienst

Wenn Sie mit Ihrem Kind oder Ihrer Familie in den Gottesdienst gehen möchten, suchen Sie sicherlich nach einer geeigneten Form: Es darf nicht zu lange dauern, sollte abwechslungsreich sein, Lieder mit Bewegung beinhalten, der Erfahrungswelt der Kinder und Familien entsprechen ...

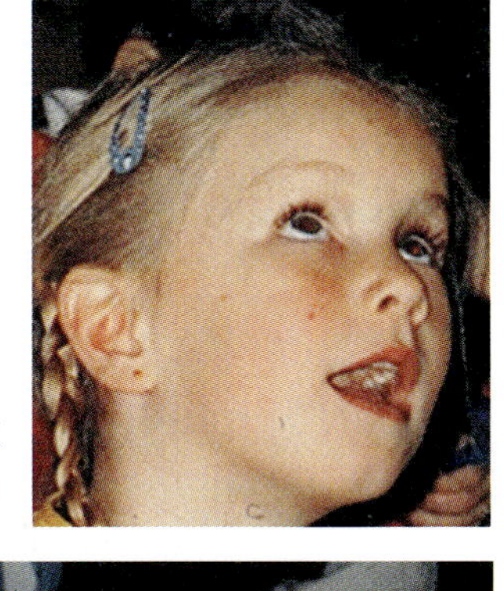

Wie wäre es mit einem Gottesdienst für die Kleinsten in der Gemeinde, mit Geschwistern, Eltern und Paten? Krabbel-Zappel-Mini-Gottesdienste gehören mittlerweile zum Bestandteil einer lebendigen Kirchengemeinde. Wenn es bei Ihnen noch keinen gibt, fangen Sie doch damit an ...

Nur Mut!
Ausführliche Tipps und Hilfestellungen gibt es zum Beispiel in »Mama, es glockt! Wie Eltern mit ihren kleinen Kindern Gottesdienst feiern« – oder anderer Fachliteratur (vgl. Literaturverzeichnis: Seite 197 f.).

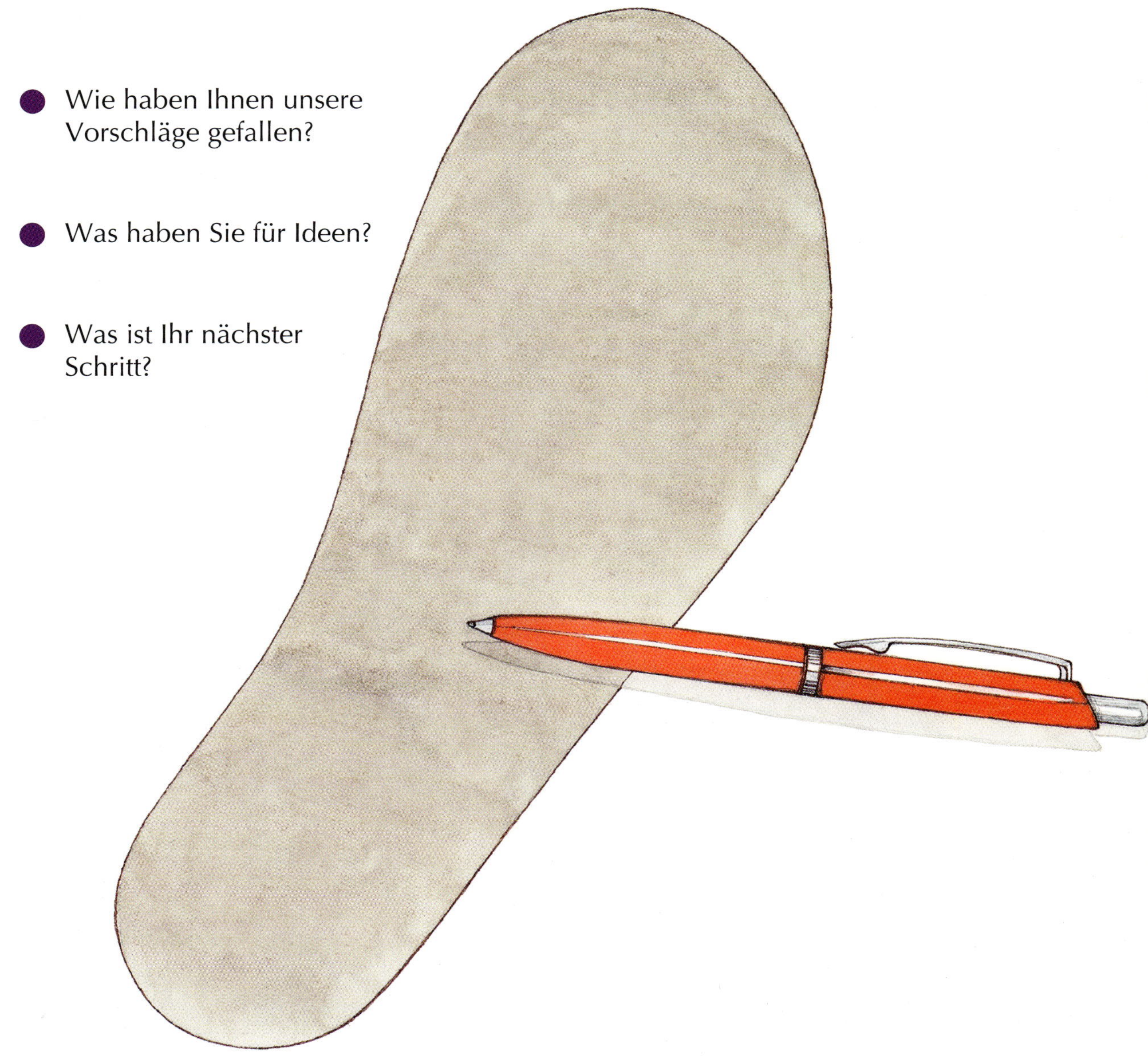

- Wie haben Ihnen unsere Vorschläge gefallen?

- Was haben Sie für Ideen?

- Was ist Ihr nächster Schritt?

Übrigens, auch wenn Sie nur Ihre Ruhe haben wollen und nach Entspannungsmöglichkeiten suchen, ist das wichtig und richtig! Auch hier lohnt sich nachzufragen und zu suchen.

Statt eines Nachworts

Ohne dich

Ohne dich würd' ich im Winter keinen Schneemann bau'n,
und ich käm' nicht drauf, die Sesamstraße anzuschau'n.
Ohne dich käm' hier der Osterhase nie mehr vorbei,
und der Weihnachtsmann wär mir längst einerlei.
Ohne dich würd' ich im Keller nie Gespenster seh'n
und bestimmt nicht als Pirat zum Kinderfasching geh'n.
Ohne dich wär ich ein andrer Mensch, doch es gibt Dich,
Gott sei Dank!

Denn ohne dich hätt ich im Leben nicht mal halb soviel gelacht
und über manche Frage vielleicht niemals nachgedacht.
Ohne dich wär'n viele Tage einfach so vorbei gerauscht.
Auch wenn nicht nur die Sonne schien, ich hätte nie getauscht.

Ohne dich hätt' ich die Schlittschuh auf den Müll getan,
und womöglich hätt' ich heut' noch keine Eisenbahn.
Ohne dich würd' ich im Herbstwind Drachen nicht fliegen seh'n
und gewiss beim ersten Schnee nicht rodeln geh'n.
Ohne dich käm' mir kein Hamster und kein Frosch ins Haus
und erst recht kein Igel und auch keine weiße Maus.
Ohne dich wär' ich am Monatsende nicht ganz so blank.
Ohne dich wär' ich ein andrer Mensch, doch es gibt dich,
Gott sei Dank!

Denn ohne dich hätt ich Leben nicht mal halb soviel gelacht
und über manche Frage vielleicht niemals nachgedacht.
Ohne dich wär'n viele Tage einfach so vorbei gerauscht.
Auch wenn nicht nur die Sonne schien, ich hätte nie getauscht.

Ohne dich wüsst' ich noch heute nichts von deiner Zärtlichkeit.
Wenn's auch Kummer gab, mir tut nicht eine Stunde leid.
Ohne dich hätt' ich im Leben nie erfahren, wie es ist,
mit dir zu fühlen, dass du glücklich bist.

Rolf Zuckowski

Kinderträume

Anhang von A bis Z

Lieder und Spiele, Texte und Gestaltungsideen in diesem Buch

Lieder

Gebete

Stilleübungen und Aktivitäten

Zitate und Geschichten aus der Bibel

Bücher, Musik und Internetadressen zu diesem Buch

Arbeitshilfe Krabbelgottesdienst, Band 1,2,3; Kinderkirche, Sperberstr. 70, 90461 Nürnberg

Behringer, Hans-Gerhard: Die Heilkraft der Feste. Der Jahreskreis als Lebenshilfe. München (Kösel/Claudius) 1998 (für Erwachsene)

McBratney, Sam und Jeram, Anita: Weißt Du eigentlich, wie lieb' ich dich hab'. Frankfurt (Sauerländer) 1999

Dusza, Christiane: Dich hat Gott sich ausgedacht. Hamburg (Agentur des Rauhen Hauses) 1997

Ferrari, Renate: Spür die Stille im Advent. Freiburg (Christophorus) 1999

Hofmann/Kreß/Siegel: »Mama, es glockt!«. Wie Eltern mit ihren kleinen Kindern Gottesdienst feiern. München (©©© Kösel) [2]1998

Hofmann/Kreß/Siegel: Treffpunkt Krabbelgruppe. Eine Ideenbörse für Eltern mit kleinen Kindern. München (Kösel) [2]2000

Hofmann/Kreß/Siegel: Blättertanz und Schneegestöber. Mein erstes Mitmach-Bilderbuch für Herbst und Winter. Hamburg (Ellermann) 1998

Hofmann/Kreß/Siegel: Sonnenschein und Pusteblume. Mein erstes Mitmach-Bilderbuch für Frühling und Sommer. Hamburg (Ellermann) 1999

Hofmann, Monika: www.krabbelgottesdienst.de

Jörg, Sabine und Kellner, Ingrid: Ernst des Lebens. Stuttgart (Thienemann)1996

König, Hermine: Das große Jahresbuch für Kinder. Feste feiern und Bräuche neu entdecken. München (Kösel) 1994

Kösel-Verlag:www.koesel.de

Krenzer, Rolf: Wir kleinen Menschenkinder. Buch, Musikkassette und CD. Münster (Menschenkinder)

Krenzer, Rolf: Lesebuch der Jahreszeiten (Geschichte von Gudrun Pausewang: Halleluja). Freiburg (Herder) 1993

Lendner-Fischer, Sylvia: Bewegte Stille. Wie Kinder ihre Lebendigkeit ausdrücken und zur Ruhe finden. München (Kösel) 1997

Lindgren, Astrid: Ich will auch Geschwister haben. Hamburg (Oetinger) 1979

Living Colors: Geschenke des Himmels. CD mit 18 religiösen Kinderliedern zu diesem Buch. München (Kösel) 2001

Living Colors: Der Weg ist auch das Ziel. 15 Lieder nach dem Motto »Kirchenmusik im neuen Sound« (für Jugendliche und Erwachsene); zu beziehen über: Living Colors, Postfach 92, 97466 Gochsheim

Living Colors: www. living-colors.de

Meine schönsten Bibelgeschichten. Mit Bildern von Kees de Kort. Stuttgart (Deutsche Bibelgesellschaft) 1992

Michels, Tilde und Michl, Reinhard: Es klopft bei Wanja in der Nacht. München (Ellermann) oder München (dtv)

Müller, Else: Träumen auf der Mondschaukel (und viele mehr). Buch, Musikkassette und CD. München (Kösel)

Müller, Eva: Kleine Einführung in die Montessori-Pädagogik. Marktbreit (MM Verlag Armin Müller)

Sydkes, Julie und Warnes, Tim: Ich will nicht ins Bett. Lüneburg (Saatkorn) 1995

Quellenverzeichnis

Fotos

Monika Hofmann/Rolf Roßteuscher

Texte/Lieder

19 Gottes Kind. © Johannes Oeters – **26** Meine kleine Kinderhand. © Sandra Fiedler – **37** Kindermutmachlied. T/M: Andreas Ebert. © Hänssler-Verlag, D-71087 Holzgerlingen – **40** Er hält die ganze Welt. Spiritual. Dt. Text: © Bibellesebund, CH-8404 Winterthur – **44** Wie ein Hirte. © Johannes Oeters – **46** Gott hat dich lieb. © Johannes Oeters – **49** Igelgeschichte von Monika Hofmann. Aus: Monika Hofmann/Veronika Kress/Gabriele Siegel, Blättertanz und Schneegestöber. Verlag H. Ellermann, Hamburg 1998 – **52** Volltreffer. T/M: Daniel Kallauch. © 1992 cap!-music, 72213 Altensteig – **54** Herr, gib du uns Augen. T: Friedrich Walz/M: aus Neuseeland. Textrechte: Strube Verlag, München-Berlin (EKG 649) – **63** Weißt du, wie viel Sternlein stehen. T: Wilhelm Hey 1837/M: Volkslied um 1818 (EKG 511) – **69** Dein Engel der Nacht. © Johannes Oeters – **70** Aus: Dietrich Bonhoeffer, Widerstand und Ergebung. © Chr. Kaiser Verlag/Gütersloher Verlagshaus, Gütersloh – **76** Mach's gut, Gott geht mit dir. © Cornelia Gehring – **81** Ins Wasser fällt ein Stein (Originaltitel: Pass it on). T/M: Kurt Kaiser. Deutsch: Manfred Siebald. © Bud John Songs/Sparrow/EMICMP/Rechte f. EU: Universal Songs/Holland. Used by permission – **82** Du gibst uns die Sonne. T: Rolf Krenzer/M: Detlev Jöcker. Aus: Buch, CD und MC »Wir kleinen Menschenkinder«. Alle Rechte im Menschenkinder Verlag, 48157 Münster – **86** Ich falte meine Hände. T: Rolf Krenzer/M: Detlev Jöcker. Aus: Buch, CD und MC »Wir kleinen Menschenkinder«. Alle Rechte im Menschenkinder Verlag, 48157 Münster (3. Wir falten unsre Hände und beten still, dass Gott uns hört, und weiß wofür ihm jeder danken will ... 4. Wir falten unsre Hände und beten still, dass Gott uns hört, und weiß wofür ihm jeder bitten will ...) – **98** Ich bin getauft. T/M: Hanna Schernau. Aus: Rolf Krenzer, 100 einfache Lieder Religion. © Verlag Ernst Kaufmann, Lahr – **101** Guter Gott, dankeschön. Nach der Pfälzer Kindermesse. Neue Strophen: © Rolf Krenzer – **113** Das Ameisenspiel. © Christiane Dusza – **121** FaFeFiFoFu. Nach: Gerda und Rüdiger Maschwitz, Stille-Übungen mit Kindern. Ein Praxisbuch. Kösel-Verlag, München ³1998, S. 157 – **127** Ich möchte eine Wolke sein (Kinder-Träume-Lied). T: Reinhard Bäcker/M: Detlev Jöcker. Aus: Buch und MC »Heute ist ein Tag, an dem ich singen kann 2«. Alle Rechte im Menschenkinder Verlag, 48157 Münster (6. Ich möchte manchmal Nacht nur sein und niemand soll mich sehn. Ich habe Angst und fürchte mich. Sag, kannst du mich verstehn? – 7. Ich möchte gern ich selber sein und leben so wie heut. Da werd ich wach und freue mich: Mein Traum ist Wirklichkeit.) – **129** Groß ist die Sonne. Quelle unbekannt – **130** Die Blume. Aus: Eva Müller, Kleine Einführung in die Montessori-Pädagogik. MM Verlag für Montessori Materialien Armin Müller, Marktbreit – **152** Ja, dann ist Advent. T/M: Detlev Jöcker. Aus: MC und CD »Hört ihr alle Glocken läuten«. Alle Rechte im Menschen-

"""

kinder Verlag, 48157 Münster – **153** Bald ist Nikolausabend da (Lustig, lustig, tralalalala). Aus dem Hunsrück – **154** In einem kleinen Apfel. T: Volksgut/M: nach W.A. Mozart – **158** Kling, Glöckchen, klingelingeling. Mündlich überliefert – **159** Mein Weihnachtsstern, der leuchtet weit. T: Rolf Krenzer/M: Detlev Jöcker. Aus: Buch, CD und MC »Kleine Kerze leuchte«. Alle Rechte im Menschenkinder Verlag, 48157 Münster (Refrain: Mein Weihnachtsstern, der leuchtet weit … – 2. Wir schneiden bunte Sterne aus Transparentpapier und hängen sie am Fenster auf. Sie leuchten dir und mir. – 3. Aus Stroh, die schönsten Sterne, die bastel ich für dich. Dann merkst du, bald ist Weihnachten und freust dich sicherlich. – 4. So viele Weihnachtssterne. Es glitzert und es blinkt, weil jeder Stern mit seinem Schein die dunkle Nacht durchdringt.) – **169** Jesus ist erstanden. © Johannes Oeters – **174** Das Kind und der Wind. © Karin Schaffner – **178** Gudrun Pausewang, Halleluja. Aus: Volker Fritz/Rolf Krenzer (Hg.) 100 einfache Texte zum Kirchenjahr. Verlag Ernst Kaufmann, Lahr und Kösel-Verlag, München – **190** Wir singen alle Hallelu. T: Rolf Krenzer/M: aus Finnland. © Verlag Ernst Kaufmann, Lahr – **193** Rolf Zuckowski, Ohne dich. © Mit frdl. Genehmigung MUSIK FÜR DICH Rolf Zuckowski OHG, Hamburg – **194** Kinderträume. © Johannes Oeters